Aproximando-se de Fátima

JOÃO MANUEL DUQUE

Aproximando-se de Fátima

100 ANOS DE FÉ

paulinas

Dados Internacionais de Catalogação na Publicação (CIP)

Duque, João Manuel
Aproximando-se de Fátima : 100 anos de fé / João Manuel Duque. –
1. ed. – São Paulo : Paulinas, 2017.

ISBN: 978-85-356-4290-2

1. Espiritualidade 2. Fátima, Nossa Senhora de, Devoção I. Título
II. Série.

17-02783   CDD-232.931

Índice para catálogo sistemático:
1. Nossa Senhora de Fátima : Devoção : Cristianismo   232.931

1ª edição – 2017

Direção-geral:	Flávia Reginatto
Editores responsáveis:	Vera Ivanise Bombonatto e João Décio Passos
Copidesque:	Mônica Elaine G. S. da Costa
Coordenação de revisão:	Marina Mendonça
Revisão:	Sandra Sinzato
Gerente de produção:	Felício Calegaro Neto
Projeto gráfico:	Manuel Rebelato Miramontes
Diagramação:	Jéssica Diniz Souza

Nenhuma parte desta obra poderá ser reproduzida ou transmitida por qualquer forma e/ou quaisquer meios (eletrônico ou mecânico, incluindo fotocópia e gravação) ou arquivada em qualquer sistema ou banco de dados sem permissão escrita da Editora. Direitos reservados.

Paulinas
Rua Dona Inácia Uchoa, 62
04110-020 – São Paulo – SP (Brasil)
Tel.: (11) 2125-3500
http://www.paulinas.org.br – editora@paulinas.com.br
Telemarketing e SAC: 0800-7010081
© Pia Sociedade Filhas de São Paulo – São Paulo, 2017

Sumário

Introdução 7
1. Pórtico de entrada 13
2. No santuário 55
3. Para o mundo 105
A caminho 167
Sugestão bibliográfica 171

Introdução

> "Aproximar é a essência da proximidade.
> A proximidade aproxima a distância, enquanto distância."
> *(Martin Heidegger)*[1]

Celebra-se em 2017 o primeiro centenário das aparições ou manifestações da Virgem Maria em Fátima, precedidas de várias manifestações de um Anjo, segundo o relato de três crianças pastoras. Nesses acontecimentos foi comunicada a esses três pastorinhos[2] uma mensagem muito própria, que, entretanto, se tornou conhecida como "Mensagem de Fátima". Embora inclua elementos reservados, que se tornaram conhecidos como "segredos de Fátima", não se trata, contudo, de uma mensagem secreta, mas de elementos fundamentais da mensagem evangélica, aplicados ao contexto local e temporal. Por outro lado, esse conteúdo comunicativo é apenas uma parte do conjunto do fenômeno Fátima, que é muito mais vasto.

Antes de tudo, ele inclui o próprio acontecimento das aparições e do impacto que teve sobre a vida das três crianças e dos

---

[1] Martin Heidegger, *Vorträge und Aufsätze*, Pfullingen, 1954, p. 176; cf. Martin Heidegger, *Unterwegs zur Sprache*, GA 12, Frankfurt a. M. 1985, p. 211.

[2] Nome que em Portugal genericamente conota os três videntes de Fátima, sem necessitar de mais explicação.

seus próximos. Os eventos estranhos e as suas configurações são significativos, por si só, e constituem um elemento importante na futura configuração do que aconteceu em Fátima e no seu significado profundo.

Mas o que aconteceu posteriormente em Fátima, ao longo dos últimos cem anos, não é menos importante e não pode ser separado do significado global do fenômeno. Por isso, Fátima, sem deixar de ser, antes de tudo, um lugar de aparição de Maria – de uma mariofania, portanto – e um lugar em que é comunicada uma mensagem evangélica ao mundo, através dos pastorinhos, inclui também um espaço e um tempo significativos, cuja história contribuiu para o que poderíamos denominar, genericamente, de fenômeno Fátima. Esse fenômeno possui um forte impacto não só em Portugal, mas também no resto do mundo, em dimensões especificamente religiosas (ou "espirituais", no sentido mais genérico que hoje se lhe atribui), e também em muitas outras dimensões: social, política, artística, econômica etc.

Nos próximos capítulos, serão apresentados alguns núcleos essenciais da dimensão religiosa (também considerada espiritual ou mesmo teológica) desse acontecimento, que possui cada vez mais significado na vida de muitos dos nossos contemporâneos. Não serão apresentados dados exaustivos, nem sequer pormenorizados, sobre o que aconteceu ou sobre as suas diversas interpretações. Vou limitar-me a escolher um percurso, selecionando o que me parece ser mais importante

– sendo essa seleção inevitavelmente subjetiva, pois inúmeros outros elementos poderiam ser escolhidos.

E como o ponto de partida é o acontecimento Fátima, no conjunto das suas facetas, mais do que simplesmente a Mensagem, proponho que a nossa introdução comece do mesmo modo como começou a experiência dos três pastorinhos. Crianças normais, sem dotes nem expectativas estranhas, sem especial preparação espiritual, são surpreendidas pelo que lhes acontece, que além do mais era pouco provável ou imprevisível. Dessa surpresa resulta uma penetração progressiva num ambiente e numa experiência de vida que permite algo único e que exige uma missão.

Sugiro, por isso, que tomemos como aproximação a Fátima o caso do turista que se aproxima do local, com alguma curiosidade, sim, mas sem especial envolvimento. É claro que, depois de Fátima ter-se tornado mundialmente conhecida, não é possível conseguir essa "inocência" plena. Mas certo exercício ascético, colocando entre parêntese legítimas devoções e justificados entusiasmos prévios, pode ajudar a estabelecer uma relação com o que acontece em Fátima. A primeira parte, como pórtico de entrada, pretende, pois, ajudar-nos a observar as diversas facetas dos acontecimentos, os de há cem anos e os de hoje, e os seus possíveis significados.

Depois de passado esse pórtico e já no interior do espaço e dos respetivos elementos, proponho uma síntese dos conteúdos teológicos da mensagem de Fátima, não simplesmente a partir de conteúdos comunicados explicitamente pelo Anjo ou por Maria, mas também a partir dos próprios acontecimentos. Porque, segundo a tradição bíblica, a "revelação" realiza-se, antes de tudo, através de eventos históricos reais, que podem ser esclarecidos por palavras sobre esses acontecimentos, mas que não se reduzem a essas palavras, nem aos sentimentos de sujeitos individuais.

Por último, se é certo que a dimensão mística e contemplativa é um elemento muito importante em Fátima – como foi para os pastorinhos, já na ocasião, e sobretudo para Lúcia, ao longo de toda a vida – não é menos importante a orientação de toda a sua missão para a vida do mundo, em muitos dos seus aspectos. Assim, não se trata de convite à conversão a um estado estático de experiência contemplativa, mas de um processo em que a experiência mística de aproximação à dimensão do "sagrado" – nas manifestações, mas também na experiência do santuário – convoca a um envio profético para o meio dos problemas do mundo e para o compromisso na denúncia e na procura de soluções. Nesta última parte serão explorados não apenas os elementos da mensagem que exigem essa orientação, mas também algumas realizações concretas que têm colocado Fátima em estreita relação com o que acontece no mundo.

Antes de iniciar a nossa viagem, convém salientar que se trata de uma "aproximação". Em primeiro lugar, porque Fátima implica um lugar e, nesse sentido, é necessário criar certa proximidade com o mesmo – ainda que as aproximações possam ser muito diversificadas, consoante o perfil do peregrino que se aproxima. Um devoto de Fátima que ainda não experimentou o lugar não viveu ainda algo essencial. As linhas que se seguem são, pois, um convite a essa aproximação, também espacial, embora implique mais do que isso.

Por outro lado, uma aproximação é sempre relativa. Fátima é um fenômeno que interpela qualquer humano que com ele contate. E interpela também o pesquisador, teólogo ou não. Nessa interpelação vem o convite à reflexão. Mas, ao mesmo tempo, vem o alerta para o fato de que nenhuma reflexão poderá esgotar o fenômeno. Fátima é sempre mais rica e mais vasta do que qualquer análise possa sobre ela discorrer. Estou plenamente consciente disso e essa consciência é tanto mais viva quanto mais me tenho aproximado de Fátima. Mesmo quando é necessário assumir posições críticas, essa crítica surge no interior do respeito por algo que é muito mais profundo – mesmo do ponto de vista antropológico e social – do que aquilo que as análises possam concluir.

É também nesse mesmo sentido que a aproximação aqui proposta não pretende ser nem exaustiva nem propriamente oficial. Outros assuntos poderiam ser considerados mais prioritários, mesmo pelas autoridades do próprio santuário. Por outro lado, algumas das reflexões aqui apresentadas, desenvolvidas a partir do acontecimento de Fátima, foram anteriormente por mim desenvolvidas, precisamente no contexto dos congressos e simpósios organizados pelo santuário, e nos quais tenho participado frequentemente, pelo fato de serem organizados em parceria com a Faculdade de Teologia da Universidade Católica Portuguesa. Não pretendo, de modo nenhum, que este pequeno livro constitua qualquer contributo significativo para a já notável investigação sobre Fátima, pois nada trará de novo.[3] O seu perfil procura, antes, explorar as ressonâncias ou os harmônicos do acontecimento de Fátima em alguns temas maiores da tradição teológica – ou vice-versa: a ressonância desses temas nos acontecimentos e na linguagem de Fátima.

A única eventual "autoridade" destas minhas abordagens poderia advir-lhe desse enquadramento, que culminou no fato de ter assumido, a convite do santuário, a presidência da Comissão Organizadora e da Comissão Científica do Congresso Internacional do Centenário de Fátima. Mas essa tarefa, que certamente muito me honra, em nada invalida que este meu contributo seja completamente livre e, por isso, perfeitamente sujeito a debate e mesmo a eventual contestação.

Postas estas considerações prévias, penso que poderemos iniciar calmamente a nossa visita que, para ser mais significativa, deverá ser nos dias 12 e 13 de maio – seja de que ano for.

---

[3] No final, indicam-se algumas obras representativas dessa investigação. Ao longo do texto, serão citados pequenos extratos das Memórias da Ir. Lúcia, com a respectiva indicação.

1. Pórtico de entrada

Os lugares

Fátima é nome de mulher, de origem árabe, ainda hoje frequentemente usado no português. Mas é também nome de um lugar – segundo a lenda, por ligação a uma princesa árabe convertida ao cristianismo. Trata-se de uma freguesia de Ourém, no distrito de Santarém, pouco mais do que uma centena de quilômetros ao norte de Lisboa. Foi esse lugar que tornou o nome conhecido em todo o mundo – em alguns casos mais conhecido do que o próprio nome de Portugal. E foi um conjunto de acontecimentos ou experiências religiosas concretas que tornou esse local conhecido, transformando-o em pouco tempo numa cidade de cerca de 12 mil habitantes, com vários milhões de visitantes por ano. Precisamente, a região da atual cidade de Fátima era um lugar sem nada nem ninguém há cem anos – uma espécie de não lugar, pois sem qualquer significado humano especial.

A Cova da Iria, como lugar da freguesia de Fátima, era terra de pastagem e de alguma produção agrícola, em plena Serra de Aire. Com essas características, era idêntica a milhares de outros lugares. Por isso, o significado único desse lugar está inevitavelmente ligado às experiências aí vividas.

Não se deve à sua especial localização: não é o cimo de um monte, como é habitual, mas precisamente uma cova; não é um lugar de encontro de pessoas, mas um local isolado; não é um lugar especialmente deslumbrante pela paisagem ou pela vegetação, mas relativamente árido. É, pois, um lugar pouco provável que nele aconteça algo extraordinário. De certo modo podemos dizer que a atual Fátima surgiu do nada, a partir exclusivamente de vários acontecimentos epifânicos especiais. Trata-se, portanto e precisamente pela sua banalidade anterior, de um lugar especial desde a sua origem como acontecimento, bebendo aí o seu significado mais profundo. Como veremos quando lá chegarmos, até a própria vida cotidiana da cidade é marcada por essa origem estranha, traço de um excesso singular em relação ao cotidiano dos lugares banais que habitamos.

Mas vamos com calma e comecemos mesmo antes de chegar lá. Se nos aproximarmos de carro, sobretudo se for perto do dia 12 de maio e se evitarmos a autoestrada, escolhendo a estrada nacional ou vias secundárias, estranharemos certamente o número elevado de pessoas que caminham, a pé, pelas bermas, em grupos, com um destino certo. Qualquer turista que pergunte pelo destino deles, receberá a resposta óbvia, em rostos de surpresa pelo desconhecimento: "Vamos a pé a Fátima!".

Ir a pé a Fátima tornou-se um hábito quase anual de muitos portugueses, nomeadamente jovens, que durante alguns dias se tornam peregrinos. As últimas décadas conheceram um

Aproximando-se de Fátima

notável aumento da prática da peregrinação, que na Península Ibérica se tem concentrado sobretudo nos caminhos de Santiago. Numa mistura sincrética de motivações cristãs com motivações ecológicas e espirituais – em sentido muito genérico, próximo ao ambiente *New Age* –, os europeus contemporâneos entusiasmam-se cada vez mais com o que possa significar a experiência de uma peregrinação.

No caso português, Fátima tornou-se numa espécie de destino alternativo ao caminho de Santiago, embora não o substitua completamente nem se tenham constituído propriamente caminhos de Fátima, à semelhança do secular percurso de peregrinação europeia. Mas são mais os portugueses que vão a pé a Fátima do que os que vão a Santiago. Independentemente da devoção direta a Maria ou mesmo aos pastorinhos, essa caminhada constitui uma devoção por si mesma e, para alguns grupos, a grande experiência propriamente dita.

De fato, a peregrinação a pé estabelece uma relação específica com o espaço, por relação a um lugar. Quando um lugar se transforma em meta de peregrinação, os caminhos que a ele conduzem passam a fazer parte dele. Por isso Fátima já não é apenas o lugar onde hoje se ergue uma cidade, no coração da qual se levanta um santuário. Ela é o conjunto dos caminhos que lá conduzem e as milhares de pessoas que os percorrem a pé, não apenas para lá chegarem – pois podiam ir com qualquer meio de transporte –, mas precisamente para caminharem e, nessa caminhada, já viverem o espírito de Fátima. E Fátima é santuário também nesse caminho e nas experiências que aí se vivem.

A caminhada a pé contraria, antes de tudo, dois modos midiatizados de nos relacionarmos com o espaço, que tendencialmente anulam os lugares e os transformam em puros pontos, quer de partida, quer de chegada. Trata-se da midiatização provocada pela velocidade dos meios de transporte, como próteses do humano que impedem a experiência dos percursos; e trata-se da midiatização pela virtualização do espaço, num ciberespaço em que podemos estar em todo lado sem estar propriamente em lado nenhum. Esses modos de relação ao espaço, que anulam a experiência dos lugares, são contestados na caminhada a pé, que permite e exige uma relação direta, corpo a corpo, com cada centímetro do espaço, na variedade dos seus significados. É nessa variedade que o ponto de partida – como habitação do cotidiano – se une, pelos lugares do percurso, ao ponto de chegada – como lugar do santuário e do diferente. Pelo meio está a exigência da vida e da existência, que inclui a alegria das metas parciais conseguidas, mas também a dor da exigência, que as midiatizações progressivamente foram anulando.

É essa dor do caminho, numa relação profunda com a vida real do caminhar permanente, que em grande parte anima a espiritualidade da caminhada a pé até Fátima. Não como sacrifício pelo sacrifício, mas pela experiência da nossa condição exigente e por vezes sofredora, enquanto caminho necessário para uma autêntica experiência de fé. Se, como vamos ver, a experiência do sacrifício pertence incontornavelmente aos acontecimentos de Fátima, o peregrino faz sua essa experiência, na variedade dos seus significados, mesmo os mais suspeitos, sentindo na carne o que é a caminhada da condição humana. A experiência do peregrino será, portanto, a melhor forma de nos aproximarmos da experiência de Fátima, no seu conjunto. E as multidões que vemos caminhar, pelas bermas das estradas, são um convite incômodo ao nosso próprio caminho, seja como for. Já não nos aproximamos de Fátima, o lugar especial surgido do nada, do mesmo modo como nos aproximamos de outros destinos turísticos, que vamos transformando em objeto da nossa fruição e do nosso consumo. Fátima interpela, mesmo antes de lá chegarmos.

Mas interpela também quando lá chegamos. Inicialmente, de forma talvez contraproducente. Se os peregrinos nos conduzem ao coração da experiência humana do religioso, a primeira impressão dos edifícios de Fátima coloca-nos perante o que poderíamos considerar uma exploração consumista do religioso. Os inúmeros hotéis – que agora suplantaram e por vezes substituíram as numerosas casas de ordens religiosas que lá se construíram – evocam a recente indústria do turismo, ainda que seja turismo religioso. Mas o que maior impacto causa é o pulular de lojas que vendem os mais variados artigos relacionados com o local. Trata-se de uma espécie de hino à imaginação humana, que consegue fazer negócio de tudo e com tudo. É a consequência inevitável do volume que o acontecimento assumiu. Também nisso o lugar é diferente de quase todos os outros lugares.

Mas, se procurarmos o coração daquilo que motiva os peregrinos e não desistirmos desiludidos por esta primeira impressão, avançamos até ao coração do lugar e chegamos finalmente ao espaço-acontecimento propriamente dito. Este é, antes de tudo, aberto. Há a azinheira, no local onde estava a original; há a capelinha das aparições, que é toda exterior, para todos acolher e se prolongar no grande recinto; e há sobretudo o recinto, uma espécie de encarnação do sublime pela vastidão mas também pelo espaço vazio. Porque é no espaço sublime desse recinto que se experimenta o silêncio também sublime, que convida a uma experiência meditativa e contemplativa. É claro que essa experiência do recinto aberto, vazio de confusão e de ruído, só é possível em dias de relativamente pouca afluência. Por isso, aconselha-se o visitante a que não experimente Fátima apenas nos dias de peregrinação, mas também nos dias de calma – sobretudo na primavera. Nesses momentos, é possível sentir uma dimensão do lugar que não se consegue no meio da multidão.

Mas a experiência da multidão, em determinados dias do ano, faz também parte da mística do lugar. Essa é a experiência mais habitual do peregrino que vai a pé a Fátima em momentos especiais de peregrinação – com destaque os dias 13 de maio e 13 de outubro. Trata-se, antes de tudo, da experiência de pertença a um povo de iguais, de humanos simples, que deixaram em casa e nos locais de trabalho as distinções que provocam confrontos e arrogâncias e que percorreram os recantos das suas debilidades; de humanos que sofrem e que partilham, solidariamente, o sofrimento dos outros, numa transformação ritual como é a de caminhar de joelhos; de humanos que agradecem o que reconhecem ter recebido de graça; de humanos que rezam em conjunto; de humanos que vibram, em multidão, como acontece no momento extraordinário da procissão de velas, uma espécie de sublime feito momento, uma versão humana, no tempo, daquilo que é, no espaço, o enorme recinto aberto.

É claro que essas experiências possuem ambiguidade própria. Elas podem transformar-se em negócio com o divino, ou em exibição pura, ou em manipulação psicológica, numa espécie de êxtase coletivo, anulador das liberdades pessoais que constituem a multidão. O trabalho pastoral dos responsáveis pelo santuário tem sido orientado, fortemente, no sentido de esclarecer e superar certas dessas ambiguidades, promovendo experiências de autêntica liberdade. Mas as multidões humanas são sempre imprevisíveis. E Fátima também vive disso. Aliás, isso faz com que, no seu núcleo e enquanto fenômeno social, Fátima seja um acontecimento popular, e não algo manipulado e completamente controlado pela hierarquia eclesiástica.

Mas os espaços exteriores de Fátima não se esgotam aqui. Porque Fátima não se reduz à imagem da Virgem Maria nem às suas aparições. Fátima é um conjunto de acontecimentos interligados, com pedagogia e estatuto próprios. Por isso, os lugares mais distantes, relacionados com a vida cotidiana dos pastorinhos e das suas famílias, mas sobretudo relacionados com as manifestações do Anjo (com exceção da aparição de Maria em agosto), são também importantes na configuração geográfica da experiência religiosa em causa. São espaços visitados frequentemente pelos peregrinos, atualmente organizados através de uma via-sacra. Se quisermos distinguir entre os lugares mais fortemente organizados e "controlados" pela reitoria do santuário e lugares mais "livres", em certo sentido mais marginais em relação a esse controle – sobretudo na organização das atividades cotidianas –, então podemos considerar estes segundos espaços como mais populares (não por serem mais visitados, mas por se prestarem a atitudes menos estereotipadas). De modo genérico, podemos considerar que certas manifestações de religiosidade mais subjetiva ou, em certo sentido, até mais pagã e mesmo supersticiosa, acontecem mais facilmente nestes espaços do que no âmbito do santuário e do seu recinto, em que predominam as práticas litúrgicas e de piedade "oficiais" da Igreja Católica. Isso não significa que, tendo em conta a estrutura essencialmente popular de Fátima, estes lugares mais "marginais" deixem de ser significativos para a expressão das religiosidades mais diversificadas e, por isso, para o fenômeno no seu conjunto.

Mas regressemos ao santuário, agora aos espaços litúrgicos propriamente ditos, que se tornaram, sem dúvida, o coração do lugar – ou melhor, em extensão natural do coração litúrgico e devocional que é, sem dúvida, a Capelinha das Aparições. Em primeiro lugar está a Basílica de Nossa Senhora do Rosário de Fátima – Senhora do Rosário é a invocação original no contexto das Aparições. Esta basílica foi construída entre 1928 e 1953 e é da autoria de um arquiteto alemão. Situa-se na parte mais alta do recinto e, juntamente com a colunata que lhe está ligada, determinou a imagem de Fátima que se implantou no mundo. Ainda hoje é a imagem do logotipo oficial do santuário.

O outro espaço significativo é a nova Basílica da Santíssima Trindade, construída entre 2004 e 2007, de autoria de um arquiteto grego. O seu significado é múltiplo. Em primeiro lugar, permite grandes celebrações abrigadas, com capacidade para cerca de 9 mil pessoas; depois, porque no seu nome inclui-se um elemento importante da mensagem de Fátima, nem sempre colocado em destaque: a dimensão trinitária; por último, porque representa simbolicamente uma tendência do santuário, relativamente ao equipamento do recinto, no sentido de envolver realizações da arte religiosa contemporânea. Diferentemente da primeira basílica, esta é, de fato, uma obra arquitetônica de relevo no contexto da arquitetura religiosa contemporânea.

Aquilo que, de modo geral, é denominado "Santuário de Fátima", como lugar nuclear de uma experiência religiosa e espiritual que a si atrai peregrinos de muitos pontos do mundo – de modo especial os peregrinos a pé, que se lhe referem na carne e no osso dos seus corpos vulneráveis e doloridos –, é o conjunto de todos estes espaços. Na sua articulação dinâmica criam um ambiente espiritual próprio, seja no silêncio do cotidiano, seja na multidão dos dias especiais de peregrinação. Esse ambiente não chega a ser neutralizado pelo inevitável desenvolvimento do comércio e do turismo, que sustentam uma cidade com vida própria. Isso faz com que um dos elementos centrais da experiência espiritual relacionada com Fátima seja o próprio lugar, enquanto santuário "sagrado", ou seja, que estabelece uma distinção entre a banalidade do cotidiano "profano" e a qualidade especial de um espaço que nos conduz ao sentido mais profundo da nossa existência, que um crente identifica com Deus. A transformação de um lugar em santuário implica, de fato, uma transfiguração do espaço que, sem deixar de ser um espaço humano, acolhe um sentido diferente, transcendente, dando sentido ao cotidiano que nos toca viver. Essa experiência de transfiguração é, no santuário de Fátima, muito nítida e ninguém por lá passa, mesmo o mais cético, sem que fique marcado pela visita.

Mas essa transfiguração do espaço, que o torna um lugar qualificado, está intimamente ligada à transfiguração do tempo, a partir de várias histórias, reconfigurando as datas e os momentos, que deixam de ser como todos os outros e passam a ser momentos significativos – como é o caso da celebração do centenário. Atendamos, agora, às histórias que originaram e continuam a configurar o tempo específico de Fátima, nomeadamente os dias 13 de cada mês, entre maio e outubro.

As histórias

Estávamos em 1917, poucos anos após a implantação da República em Portugal (1910). Estávamos, também, em plena Primeira Guerra Mundial (1914-1918). O ambiente era, pois, marcado por experiências-limite, muito concentradas em dinâmicas extremas de conflito.

No contexto especificamente português, é conhecido o modo agressivo com que a ideologia republicana enfrentou a Igreja; e é conhecida a reação da mesma. É certo que a complexidade das razões e das posições não permite uma divisão "a preto e branco", sobretudo se feita cem anos depois. Mas o ambiente era de combate, o que inevitavelmente radicalizava as posições para um lado e para outro.

Do ponto de vista europeu, o momento era de catástrofe. A Europa ia atingindo o limite da sua resistência, numa guerra fratricida que marcaria todo o século XX. Ao mesmo tempo, as transformações sociopolíticas na Rússia – com a revolução vermelha que implantava um regime comunista e iniciava a aventura (e desventura) soviética – criavam grandes receios no mundo cristão, prometendo um futuro de confronto e de perseguição.

Nesse contexto, havia uma pequena aldeia portuguesa, no meio da serra, constituída por habitantes simples e, em geral, pobres. Também eles eram atingidos, sem dúvida, pelos efeitos das tensões nacionais e internacionais. Mas, na realidade, eram insignificantes na geografia dessas tensões. Era pouco provável que as suas histórias viessem a desempenhar um papel significativo na história do país e muito menos na história global da humanidade.

Mais insignificantes eram, sem dúvida, as crianças dessa aldeia que, como todas as crianças, sofriam os efeitos da pobreza mas brincavam despreocupadamente, na alegria cotidiana de uma vida normal, embora no meio de uma situação anormal. É claro que iam escutando notícias do que se passava – mesmo sem televisão e sem internet. Mas não deixavam de ser notícias de fenômenos distantes.

Essas crianças, como todas as outras das aldeias portuguesas, ocupavam a sua vida entre a brincadeira cotidiana, em alguns casos a escola – ainda não plenamente implantada – e sem dúvida a vida religiosa paroquial, essencialmente concentrada nas celebrações e nas devoções, assim como nas exortações morais. No contexto histórico que se atravessava, é compreensível que o ambiente eclesial fosse de pendor apocalíptico: por um lado, porque se viviam tempos extremos, mesmo de muito sofrimento, o que provoca habitualmente perspectivas radicais de anúncio e expectativa de uma intervenção radical de Deus na história humana; por outro lado, devido à radicalização das contraposições acima indicadas, desenvolve-se uma relação tendencialmente conflituosa com o mundo envolvente, do qual se salientam e se condenam as faces negativas, como manifestação do pecado e mesmo da atuação do demônio. A essas tendências habituais, juntava-se uma religiosidade de pendor romântico e emotivo, que conjugava inúmeras devoções e ritualidades, e respetivas formulações gongóricas, com um imaginário apocalíptico muito vivo, nomeadamente no que se refere a forças do mal, demoníacas e infernais, e as contrapostas forças do bem, angelicais e divinas. A linguagem que alimentava esse ambiente era naturalmente de pendor místico-poético, muito imagético e com forte efeito sobre a emoção – sobretudo, sobre o imaginário infantil.

Foi nesse contexto que as crianças – não apenas os três pastorinhos, como testemunham as memórias de Lúcia – criaram uma relação afetiva muito própria com a oração do rosário, no cotidiano das suas ocupações – oração que, contudo, era praticada sobretudo pela sua dimensão ritual. Como é natural, as crianças tentavam rezar o terço do rosário o mais depressa possível, para poderem divertir-se. E foi no contexto dessa prática ritual que a história de Fátima começou, em 1915. Lúcia e três amigas, durante a oração do terço, em pleno descampado e enquanto pastoreavam o rebanho, teriam visto uma figura estranha, como a neve, atravessada pelos raios do sol. Foi apenas um primeiro sinal, enigmático, que não teve grande sequência.

Já em 1916, em circunstâncias semelhantes, mas dessa vez estando Lúcia acompanhada pelos seus primos Francisco e Jacinta, a figura foi percebida como o Anjo da Paz – o que é significativo, no contexto de guerra que se atravessava –, e dá-se início a um percurso pedagógico que transformaria por completo a existência dos três e, através deles, a de muitos outros. Essencialmente, são convocados a orar, juntando a oração de louvor – e adoração – à oração de súplica. Esta se orientava para o pedido de conversão dos pecadores, ou seja, o pedido de conversão de um mundo percebido como essencialmente marcado pelo pecado. Lúcia transmite assim o convite aí recebido:

> *"Não temais! Sou o Anjo da Paz. Orai comigo." E ajoelhando em terra, curvou a fronte até ao chão. Levados por um movimento sobrenatural, imitamo-lo e repetimos as palavras que lhe ouvimos pronunciar: "Meu Deus, eu creio, adoro, espero e amo-vos. Peço-vos perdão para os que não creem, não adoram, não esperam e não vos amam". Depois de repetir isto três vezes, ergueu-se e disse:*

"Orai assim. Os corações de Jesus e Maria estão atentos à voz das vossas súplicas" (Memórias IV, p. 59).

Uma segunda experiência de visão do Anjo vai concentrar-se no tema do sacrifício, como caminho de salvação, em solidariedade como o mundo, mas também como expiação dos seus pecados. Ao mesmo tempo, estabelece-se uma relação com Portugal, em clara referência ao momento difícil que atravessava.

"Que fazeis? Orai! Orai muito! Os Corações de Jesus e Maria têm sobre vós desígnios de misericórdia. Oferecei constantemente ao Altíssimo orações e sacrifícios." "Como nos havemos de sacrificar?", perguntei. De tudo que puderdes, oferecei um sacrifício em ato de reparação pelos pecados com que ele é ofendido e de súplica pela conversão dos pecadores. Atraí, assim, sobre a vossa Pátria a paz. Eu sou o Anjo da sua guarda, o Anjo de Portugal. Sobretudo aceitai e suportai com submissão o sofrimento que o Senhor vos enviar" (Memórias IV, p. 61).

Uma terceira manifestação do Anjo, ainda em 1916, vai conduzir ao cerne da experiência de Fátima: a adoração de Deus como Trindade e a sua relação com a corporeidade da Eucaristia. Segundo as memórias de Lúcia, o Anjo teria dito o seguinte:

"Santíssima Trindade, Pai, Filho e Espírito Santo, adoro-vos profundamente e ofereço-vos o Preciosíssimo Corpo, Sangue, Alma e Divindade de Jesus Cristo, presente em todos os Sacrários da terra, em reparação dos ultrajes, sacrilégios e indiferenças com que ele mesmo é ofendido. E pelos méritos infinitos do seu Santíssimo Coração e do Coração Imaculado de Maria, peço-vos a conversão dos pobres pecadores." Depois, levantando-se, tomou de novo na mão o cálice e a Hóstia e deu-me a Hóstia e o que continha o cálice deu-o a beber à Jacinta e ao Francisco, dizendo ao mesmo tempo: "Tomai e bebei o Corpo e o Sangue de Jesus Cristo horrivelmente ultrajado pelos homens ingratos. Reparai os seus crimes e consolai o vosso Deus". De novo se prostrou em terra e repetiu conosco mais três vezes a mesma oração (Memórias IV, p. 62-63).

Tudo isso, evidentemente, no contexto de preparação e realização da Primeira Comunhão das crianças, momento a que a devoção católica da época atribuía uma importância central e que constitui, nas experiências simples mas autênticas das crianças, um momento realmente marcante – chegando a assemelhar-se ao início de uma experiência mística propriamente dita.

Essas primeiras experiências provocaram nas três crianças algum temor e, como relata Lúcia, certa prostração, mesmo física. Registra-se uma espécie de aproximação a um âmbito sagrado, que as crianças identificam com a experiência do poder e da força de Deus, a qual cria nelas um impacto avassalador, levando-as, ao mesmo tempo, a assumirem com grande seriedade as recomendações que foram feitas. Esse ambiente de alguma pressão e intensidade religiosa foi dando lugar à normalidade cotidiana, a ponto de Lúcia dizer mais tarde que brincavam já quase "com o mesmo gosto e com a mesma liberdade de espírito" (*Memórias* IV, p. 11). Foi nessa descontração recuperada – e por isso não propriamente sob efeito de um ambiente místico forçado ou atemorizador – que acontece a primeira aparição de Maria, numa azinheira na Cova da Iria, no dia 13 de maio de 1917. Viram-na como uma Senhora muito bela, branca e brilhante, do mesmo modo que tinham visto o Anjo. Mas o impacto sobre elas foi diferente. Ao contrário de certo temor e mesmo prostração física, a visão provocava grande calma e uma forte relação afetiva com Maria.

> *A aparição de Nossa Senhora veio de novo a concentrar-nos no sobrenatural, mas mais suavemente: em vez d'aquele aniquilamento na Divina presença que prostrava, mesmo fisicamente: deixou-nos uma paz e alegria expansiva que não nos impedia de falar em seguida de quanto se tinha passado (Memórias IV, p. 12).*

As aparições sucederam-se mensalmente, nos dias 13 de cada mês (salvo em agosto, que foi no dia 19). A história desse ritmo temporal, que foi acompanhando um percurso existencial intenso e mesmo doloroso dos três videntes, ao mesmo tempo foi-se alargando a muitas outras histórias. Foram as histórias de sofrimento das respectivas famílias, não só pela doença e morte de Francisco e de Jacinta, mas também pela pressão colocada sobre as crianças por parte dos curiosos e das autoridades. Mesmo que inicialmente houvesse o propósito de certo segredo, esse segredo não pôde manter-se. Na segunda aparição, em junho, já estariam presentes cerca de 60 pessoas. E na última, em outubro, estariam já presentes de 50 mil a 70 mil pessoas. Tendo em conta a intensa religiosidade do contexto, não apenas na época mas também no local, um acontecimento desse gênero teria que atrair inevitavelmente a atenção de multidões, não apenas devido à experiência religiosa em si, mas também no sentido de procurar cura para as suas misérias, sobretudo as da doença ou mesmo da pobreza.

Tendo em conta esse impacto e, por outro lado, o contexto sociopolítico que se atravessava, as tensões e os conflitos foram imediatos. Os familiares, sobretudo a mãe de Lúcia, tentaram em vão que as crianças admitissem que estavam mentindo – eventualmente fruto de uma fértil imaginação, frequente em crianças dessa idade e em contexto devocional semelhante –, para que o problema não se alastrasse demasiadamente. Como não o conseguiram, tendo em vista a firme convicção dos três, o enfrentamento tornou-se inevitável.

As crianças foram interrogadas várias vezes. Por um lado, é compreensível que as autoridades eclesiásticas quisessem averiguar o que se passava, até pelo impacto que começava a ter. Muito naturalmente, a primeira tendência foi para tentar reduzir o assunto à imaginação das crianças – como aconteceu com a mãe de Lúcia e aconteceria com qualquer pai. O pároco foi o primeiro recurso – também por iniciativa da mãe da Lúcia –, mas a firmeza da criança levou-o a desistir: "Não sei o que dizer nem fazer com tudo isso" (*Memórias* II, p. 17). O processo eclesiástico seguiu depois outro caminho, com investigações aprofundadas. O pároco manteve-se sempre preponderantemente cético.

Com as autoridades civis a relação foi mais difícil. As crianças chegaram a ficar presas e a temer pela própria vida. O fenômeno, evidentemente, foi colocado no centro do conflito entre a ideologia republicana – e um conjunto de posições que certo cientificismo exagerado pretendia impor no país – e uma Igreja pretensamente defensora do antigo regime, considerada clerical e inculta. De forma paradoxal, o desafio vinha precisamente de três crianças simples e ignorantes – embora a questão se tornasse séria, devido à multidão que ia aderindo.

O novo regime teria pensado que, sendo esse caso um exemplo típico do obscurantismo que a ciência teria que definitivamente superar, poderia ser ocasião pedagógica para uma espécie de salto educativo do povo português. Isso fez com que o acontecimento de Fátima estivesse, desde o início, envolvido no panorama político nacional – o qual, por seu turno, representava claramente um ambiente que na Europa vinha se desenvolvendo ao longo de toda a modernidade e que implicava, por um lado, o início de uma outra visão de mundo, quer sociologicamente, quer mesmo cosmologicamente, e, por outro, implicava uma ruptura dolorosa, muitas vezes conflituosa, com a visão de mundo que estava sendo superada. Como é natural, no processo de ruptura assumem-se posições que, contendo alguma verdade, também se revelam inadequadas, sobretudo quando analisadas à distância de um século. Foi nesse contexto que as histórias de Fátima receberam um acolhimento reduzido, muitas vezes até uma reação agressiva de recusa e, outras vezes, pelo menos uma atitude de suspeita, também da parte da Igreja que, com sua prudência habitual e secular, juntava as naturais dificuldades de lidar com as transformações que estavam em curso.

O processo natural de passagem de uma atitude de suspeita, em relação ao que estava acontecendo e aos respectivos protagonistas, para uma progressiva atitude de reconhecimento, até à aceitação oficial por parte da Igreja Católica, foi naturalmente longo – durou toda a década de 1920, vindo a decisão oficial a ser tomada precisamente em 1930, por uma Carta Pastoral publicada pelo bispo de Leiria, D. José Alves Correia da Silva, em 13 de outubro. Mas o fato de não ter sido terminantemente repudiado impediu que, como noutros casos, o fenômeno fosse utilizado popularmente ou para outros interesses, como frequentemente acontece. É evidente que para isso foi importante a inserção eclesial de Lúcia, que ingressou no convento e que, com as suas memórias, permitiu uma abordagem aprofundada e equilibrada de todos os acontecimentos. Foi também central a atitude do referido bispo de Leiria, que acompanhou e aconselhou Lúcia, tendo-lhe solicitado a escrita das memórias.

Por outro lado, Fátima é um exemplo claríssimo de como uma iniciativa do povo de Deus, animado por certo sentido de fé (*sensus fidelium*), mesmo sem cultura teológica e muitas vezes por mero impulso do sentimento, pode ser muito significativa para a vida eclesial, acabando por vir a ser reconhecida na verdade das suas opções e intuições. A conjugação, à época ainda frequente, de uma religiosidade popular muito fervorosa e imaginativa com a tendência para respeitar as decisões da hierarquia, fez com que o fenômeno não se tivesse encaminhado para radicalismos emocionais e manipuladores, de que, entretanto, existem muitos exemplos no panorama "religioso".

Ao mesmo tempo, o fato de a diocese de Leiria ter assumido, desde cedo, a coordenação do santuário – inicialmente constituído sobretudo pela Capelinha das Aparições – influenciou o desenvolvimento da história de Fátima para além do acontecimento estrito das aparições, transformando-o num centro de espiritualidade e formação multifacetado, com grande impacto em Portugal e, a partir de determinado momento, também internacional. A visita de três papas consolidou esse reconhecimento global, hoje inquestionável, independentemente do modo como cada cristão assume a sua relação – ou não relação – com esse fenômeno, já que não constitui um dado obrigatório da sua fé.

Não se pode ignorar, para além do já referido bispo de Leiria, o efeito do trabalho de duas personalidades: o Pe. Manuel Nunes Formigão, que interrogou os pastorinhos, muito contribuiu para o avanço do processo e dedicou parte da sua vida ao esclarecimento do fenômeno de Fátima; e o Pe. Luciano Guerra, que foi reitor do santuário de 1973 a 2008. As suas histórias e a de Fátima estão também intimamente ligadas. Permito-me salientar, pelo significado que possui para o conjunto do acontecimento "Fátima", o caso do segundo. A sua visão equilibrada e, muitas vezes, antecipadora permitiu que o rumo de Fátima evitasse dois extremos possíveis: ou de um confronto com a piedade genuinamente popular em nome da racionalidade (teológica ou não), ou de um fundamentalismo apocalíptico para que se poderia inclinar todo o fenômeno – e para que, de fato, se inclinaram alguns grupos ligados a Fátima, nomeadamente fora de Portugal, sobretudo na América do Norte e na Europa Central. A reitoria do santuário soube desenvolver, de forma sábia, a relação de tudo o que se ia passando em Fátima com as transformações eclesiais e socioculturais em Portugal e no mundo, transformando o espaço envolvente em centro de dinamização pastoral, com grande impacto no país e para além dele. O fenômeno de Fátima passou a incluir, também, esse impacto eclesial e cultural, nomeadamente através de estruturas físicas que permitiram o desenvolvimento de inúmeras atividades. Todas as áreas de pastoral, incluindo a liturgia, passaram a encontrar em Fátima um ponto de referência que, pouco a pouco, se foi afirmando pela qualidade e exigência das propostas. Sem eliminar as manifestações mais populares e até "selvagens", que foram sendo enquadradas num conjunto mais vasto, o que acontece em Fátima corresponde ao dinamismo da Igreja em Portugal, nas suas debilidades mas também nas suas potencialidades. E a espiritualidade de Fátima seria hoje impensável sem essa importante componente que a sua história lhe conferiu.

A partir de certo momento, a reitoria do santuário teve a clarividência de considerar que seria importante aprofundar, também teologicamente, todo o conteúdo relacionado com Fátima. Promoveu, por isso, não apenas a publicação da documentação crítica necessária para o estudo, como a reflexão teológica, através de congressos e simpósios regulares, com publicação dos respetivos anais. Daí já resultaram numerosos volumes, sobre os assuntos mais variados, relacionados de algum modo com o acontecimento e o seu desenvolvimento, contando com a participação de alguns dos mais conhecidos teólogos e pesquisadores da atualidade internacional.

O significado especial do espaço, como um lugar único feito de lugares diversos, e do tempo, no emaranhado de uma grande diversidade de histórias concretas, está inseparavelmente ligado às pessoas que originaram essa transfiguração de um e de outro, e que fizeram que Fátima deixasse de ser mais um local, entre muitos outros, e mais um momento, como todos os outros. Porque o significado especial do seu espaço e do seu tempo não lhe vem de fenômenos cósmicos ou de divindades abstratas. Seguindo a boa tradição bíblica, o significado "sagrado" dos espaços e dos tempos que formam Fátima resulta da sua ligação à dimensão "sagrada" de acontecimentos históricos que possuem pessoas humanas concretas como protagonistas. Não se trata, pois, de um fenômeno pagão de manifestação de forças cósmicas ou naturais especiais; trata-se de histórias concretas com pessoas concretas, com significado especial para a história da humanidade, que é o conjunto das histórias concretas de todos nós, também pessoas. Aproximemo-nos, pois, de algumas dessas pessoas, personagens insubstituíveis de um acontecimento único.

Os habitantes

É inquestionável que a personagem central no cruzamento das histórias de Fátima é Lúcia. O conhecimento aprofundado daquela experiência, que originou outras experiências, nos é dado, essencialmente, a partir das suas memórias. É impossível, pois, compreender Fátima sem as suas narrativas que, na simplicidade da escrita, são pormenorizadas e muito coloridas, revelando grande capacidade de análise e um notável equilíbrio na interpretação dos acontecimentos.

Lúcia de Jesus Santos nasceu a 28 de março de 1907, em Aljustrel, freguesia de Fátima, município de Vila Nova de Ourém, no Distrito de Santarém, a nordeste de Lisboa. Cresceu como muitas crianças do seu tempo. É certo que não teria conhecido propriamente a miséria extrema, como muitas outras, mas também não conheceu a abundância, vivendo no seio de uma família simples, em alguns momentos com fortes dificuldades econômicas. Gostava do que gostam as crianças: de brincar e de dançar – chegando mesmo a estranhar que isso, a partir de certo momento, viesse a ser-lhe proibido, porque o novo pároco condenava a dança. Como muitas outras do seu tempo – e diferentemente da atualidade –, cresceu num ambiente familiar muito religioso, marcado por um catolicismo devocional frequente na ocasião, mas também no seio de uma família generosa e intensamente acolhedora dos mais pobres e desprotegidos: a sua mãe chegou a apoiar várias mães solteiras, acolhendo mesmo os respetivos filhos, ainda que nem sempre fosse bem-vista por isso. Mas a sua personalidade era forte e as suas convicções, firmes, o que se manifestou sobretudo na inicial resistência em acreditar naquilo que Lúcia começou a contar. O pai era, nesse sentido, mais calmo e menos peremptório. Mas foi certamente a personalidade da mãe que marcou o modo de ser de Lúcia, fundamental na forma como enfrentou e ajudou os seus primos a encarar o duro processo desencadeado pelos acontecimentos iniciais.

Dentre as devoções regulares que acompanharam o seu crescimento, destacam-se a oração do rosário e a devoção eucarística. Maria e a Eucaristia acompanharam, assim, o cotidiano da criança brincalhona. Isso não revela nenhuma especial predisposição psicológica e subjetiva para visões. Significa simplesmente que as experiências que viveu foram filtradas numa linguagem e numa imaginação marcadas pela sua experiência infantil e religiosa. O que lhe aconteceu foi, de qualquer modo, suficientemente imprevisto para não poder ser reduzido à produção subjetiva de uma psicologia a isso predisposta. Até mesmo a oração do terço, como seria de esperar em crianças daquela idade, mesmo que não fosse esquecida, era reduzida ao rito corrido da enumeração das Ave-Marias e das Santas-Marias, sem as rezar por completo. O que não revela uma devoção especialmente entusiasta, até ao ponto de que pudesse resultar em êxtase espontâneo.

O mesmo se diga de Francisco Marto, o recatado primo de Lúcia. Pouco mais novo que ela, nasceu a 11 de junho de 1908. Embora simpático e alegre, pendia mais para o temperamento contemplativo do que para a expansão dos sentimentos, reagindo de forma calma aos acontecimentos, que acabaram por ser intensos. Essa sua tendência para a contemplação fez com que, após as primeiras visões, se dedicasse de forma especialmente intensa à oração, alheando-se muitas vezes do ambiente em que se encontrava.

Jacinta de Jesus Marto, a mais nova dos três pastorinhos (nascida a 5 de março de 1910), era expansiva e dinâmica. De estatura franzina, abundava em energia. A sua extroversão, por um lado, teve forte impacto no desenvolvimento dos acontecimentos, pois foi a primeira a falar deles – ao contrário de Lúcia e Francisco, cujo espírito recatado levava ao silêncio e ao segredo. Por Jacinta é que as experiências das três crianças começaram a ser conhecidas da família, dos vizinhos e, a partir daí, de cada vez mais pessoas. Por outro lado, o seu estilo voltado para fora de si a tornava muito sensível aos problemas dos outros, com os quais se preocupava e sofria. Tratava-se, pois, de um espírito compassivo e sensível, apesar da tenra idade. Essa sensibilidade exprimiu-se sobretudo na compaixão para com os pecadores, pelos quais fazia imensos sacrifícios, numa atitude muito próxima à da mística da substituição e mesmo da expiação.

Francisco e Jacinta adoeceram logo em seguida, precisamente com epidemia de pneumonia que grassou em Portugal a partir de 1918 e que vitimou sobretudo crianças. Também aí participaram da história de muitos dos seus contemporâneos e do respetivo sofrimento. É claro que o percurso das respectivas doenças foi muito marcado pela mística de que, entretanto, já viviam permanentemente os pedidos de Maria e as promessas feitas a ela. A noção de viverem um sofrimento reparador, em solidariedade com outros e sobretudo para conversão dos pecadores, é permanente – mais do que a ideia de que esse sofrimento lhes pudesse valer a eternidade pessoal com Deus. Francisco faleceu em casa, a 4 de abril de 1919. Jacinta veio a falecer pouco mais tarde, a 20 de fevereiro de 1920, em Lisboa, para onde tinha ido tratar-se. O processo da sua doença e da sua morte já teve mais impacto público, não só nas ações populares para tentar salvá-la, como depois da morte, nas movimentações para trasladar o seu corpo para Fátima. Por oposição da Federação Portuguesa do Livre Pensamento (republicana radical), que temia a exploração do acontecimento por parte dos eclesiásticos considerados reacionários, em vez de vir para Fátima, veio para o cemitério de Vila Nova de Ourém, sede do município. Só em 1935 foi trasladada para o cemitério de Fátima, para o mesmo jazigo onde estava sepultado Francisco, entretanto, mandado construir pelo bispo de Leiria, D. José Alves Correia da Silva. Em 1952 foi iniciado o processo canônico de beatificação dos dois pastorinhos, que viria a suceder, já no pontificado de João Paulo II, em 13 de maio de 2000. Entretanto, prossegue o processo de canonização.

Lúcia sobreviveu à epidemia. Mas o ambiente adensou-se no local. Por um lado, a procura popular, sobretudo motivada pela busca de milagres e manifestações diversas, tornou-se imensa. Lúcia não se entendia bem com a pressão da multidão. Por outro lado, como vimos, a pressão das autoridades civis e algumas eclesiásticas, no sentido de desmentir tudo, ficou muito forte. Tornou-se aconselhável abandonar o lugar dos acontecimentos, que ia ganhando forma ainda que de modo um tanto selvagem, e recolher-se na meditação. Em 1921 entrou no colégio das Doroteias em Vilar, no Porto, onde procedeu à instrução primária – com 14 anos de idade, pois acabou não frequentando a escola na infância, como aconteceu com muitas crianças da sua idade. Aí assumiu o nome de Maria das Dores. Tornou-se Religiosa no Instituto de Santa Doroteia em 1925, assumindo depois o nome de Maria Lúcia das Dores e indo viver em Tuy, Espanha, na fronteira norte com Portugal (e onde ainda teve algumas visões, segundo relata nas memórias). É como Doroteia que redige as quatro primeiras *Memórias*, a pedido do bispo de Leiria, e não por iniciativa própria, as quais constituem a base narrativa essencial para a compreensão dos acontecimentos.

Em 1948 entraria para a ordem dos Carmelitas Descalços, sob o nome de Maria Lúcia do Coração Imaculado, passando a viver no Carmelo de Santa Teresa, em Coimbra, até a sua morte em 2005, quase com um século de idade – o século marcado precisamente pelo acontecimento de Fátima. Dedicada à contemplação, na clausura do Carmelo, era, contudo, muito visitada para dar conselho. Mas o modo preferido para comunicar-se com o mundo – incluindo a sua leitura dos acontecimentos de Fátima – era a escrita. Cotidianamente respondia a dezenas de cartas que lhe eram enviadas de todo o mundo, e foi aí que redigiu a sexta e a sétima *Memórias*, sobre a mãe e sobre o pai. Deslocou-se a Fátima para se encontrar com Paulo VI, em 1967, e com João Paulo II, em 1982, 1991 e 2000.

Muitas outras personagens marcaram o acontecimento de Fátima, pelo modo como, individualmente, o analisaram, o promoveram, ou até se lhe opuseram. Nada seria como é hoje sem essas vidas. Mas o principal ator do que aconteceu ao longo destes cem anos foi, sem dúvida, o próprio povo, porque Fátima é, antes de tudo e em todos os seus aspectos, um fenômeno do povo simples. Os peregrinos de Fátima, que desde o início começaram a acorrer aos milhares, é que fizeram de Fátima aquilo que é hoje. No início, incomodavam mesmo os pastorinhos, que nenhuma intenção tinham de fazer alarido das suas experiências. Lúcia, numa atitude de certa frieza, pretendia manter tudo em segredo, mas a pressão popular não o permitiu. A atenção prestada pelas autoridades, afetas ao partido Republicano, deve-se precisamente ao impacto que os acontecimentos estavam tendo sobre a população simples. Mesmo que ideologicamente os "livres pensadores" acusassem o clero, incluindo os jesuítas, de manipularem o processo para virá-lo contra os intuitos revolucionários em curso, o certo é que essa manipulação não é facilmente comprovável. O movimento popular assumiu-se por si mesmo, muito antes da aprovação da Igreja. E depois dessa aprovação, Fátima nunca foi propriamente "dominada" pela hierarquia, mantendo-se até hoje um fenômeno popular.

É claro que muitos aspectos se alteraram e a relação dos peregrinos com o santuário pode assumir configurações muito diversas; mas estes não deixam de ter a completa primazia sobre todo o resto. Nesse sentido, eles são hoje os principais habitantes de Fátima, enquanto acontecimento que continua a ser especial. Em muitos casos, o significado de Fátima para esses peregrinos é mesmo diferente da mensagem inicial, explorando aspectos que nela nem sequer estavam previstos. Nesse sentido, Fátima continua viva, não apenas como cidade – que, entretanto, nasceu e cresceu à volta das primeiras construções –, mas também como santuário e como fenômeno. Mesmo que nem tudo o que acontece em Fátima seja enquadrável na estrita referência ao Evangelho – como critério da identidade cristã –, os dinamismos humanos e sociais que aí se desenrolam revelam a fertilidade das experiências religiosas e espirituais, que nenhum poder pode controlar completamente. O desafio é por isso permanente, porque se trata de um movimento de pessoas e para pessoas.

A chegada como partida: conversão

Entrar no espaço de Fátima não significa simplesmente visitar uma cidade como qualquer outra – embora pudesse ser apenas isso. A entrada neste espaço como lugar qualificado e significativo, como santuário no seu conjunto, implica a passagem por um umbral que distingue – mesmo que não separe completamente – momentos e dimensões da existência. Em rigor, chegar a Fátima só é possível na medida em que se partiu de outro lugar, deixando-o para trás – mesmo que depois lá se regresse, mas de outro modo. Nesse sentido, a uma entrada corresponde sempre uma saída; trata-se, em realidade, de entrar numa dimensão da existência, saindo de outra. Há, por isso, grande proximidade entre esse processo de peregrinação a Fátima e o dinamismo da *conversão*. Esta é, de fato, sempre também uma saída, o abandono de algo, que possibilita uma entrada noutro lugar, enquanto outro modo de ser.

O tema da conversão é, sem dúvida, um dos primeiros da mensagem de Fátima. Já o Anjo falava da necessária conversão do mundo, formulada como "conversão dos pobres pecadores" (*Memórias*, IV, p. 62-63). Maria, logo na primeira aparição, em 13 de maio, utiliza a mesma linguagem. E a experiência da conversão continua a ser um dos elementos centrais da espiritualidade de Fátima, precisamente quando pensamos na chegada, na entrada pelo pórtico que determina a diferença entre o cotidiano e o santuário. Porque a conversão é um dinamismo que acompanha o próprio processo de peregrinação, o qual já está orientado para o acontecimento de Fátima, tal como é hoje preponderantemente vivido. Porque há uma relação estreita entre a conversão e a peregrinação a pé, permitindo relacionar o dinamismo de conversão com experiências humanas muitos profundas e vastas, que não se reduzem ao arrependimento em relação ao pecado – ou a "pecados" concretos. Se a mensagem inicial de Fátima se referia preponderantemente à conversão como arrependimento, o desenvolvimento da peregrinação na relação com o santuário permite alargar o horizonte espiritual e antropológico desse dinamismo, envolvendo processos existenciais diversos.

A tendência a permanecer em si ou a reduzir a si mesmo o resto do mundo parece definir o ser humano, em busca de sobrevivência individual – mas "parece", apenas. Na realidade, o ser humano nunca se definir por esse repouso em si mesmo ou autorreferência absoluta. A sua verdade mais profunda é a verdade da saída, do êxodo de si. Por isso, a vivência dessa sua mais profunda verdade exige conversão de si mesmo, da aparência da sua verdade, como ser fechado em si, à realidade daquilo que é e deve ser, como ser aberto.

"Conversão" é uma categoria central da teologia bíblica e das tradições religiosas que a ela se referem. A *teschuvá* da tradição hebraica significava, precisamente, a mudança de caminho. Em determinada curva da vida, todos podem aperceber-se de que percorriam um caminho errado e são convocados a regressar ao caminho correto, o que podem realizar convertendo-se. Converter-se é mudar a caminhada para outro caminho – e continuar a caminhar.

Parece que aqui a experiência da caminhada a pé, base de toda a peregrinação, se torna ambivalente, uma vez que há possibilidade de caminhar por bons ou por maus caminhos. Mas, se nos questionarmos mais de perto, a distinção entre os bons e os maus caminhos coincide, no fundo, com a distinção entre a capacidade de se pôr a caminho para o outro e a incapacidade de sair de si mesmo, do seu egoísmo destruidor. É por isso que Deus pergunta a Caim: "Onde está o teu irmão?" (Gn 4,9), e não propriamente "Onde estás tu?". Porque eu só sou e estou à medida que estou perante o meu irmão, sendo por ele responsável. A falsidade do caminho reside, então, na ausência do caminhar, ou seja, na inexistência da caminhada de cada um para o seu irmão – o qual é, sem dúvida, uma terra diferente, muitas vezes mesmo estranha e incómoda.

Mas é também por isso que toda conversão implica um regresso – ou o início de uma caminhada – para Deus, que constitui a mais profunda verdade do ser humano. Implica, no contexto do povo de Israel, desviar-se dos ídolos e orientar-se para o único Deus verdadeiro, *Adonai*. Ora, os ídolos são, precisamente, representação simbólica de toda a nossa fixação em nós mesmos. Desviar-se deles significa iniciar um caminho pelo deserto, longe do repouso aconchegante do lar egoísta, em direção a um Deus sempre diferente, que provoca em cada um e no conjunto do seu povo o nascimento de um coração novo, como anunciavam os profetas, autênticos caminheiros do deserto (cf. Jr 31,31-34).

Essa característica fundamental da conversão é confirmada e precisada pelos textos do Novo Testamento. O conceito de metanoia corresponde mais a uma transformação interior total do ser humano, em relação à sua perspectiva de existência. Por isso, não se trata apenas de corrigir o percurso ou de repor no lugar algo malfeito. A questão supera o âmbito da moral e a expiação da eventual culpa. Conversão significa, na sua raiz, mudar completamente de vida, isto é, tornar-se outro, andar noutro sentido. E o cerne dessa mudança está, precisamente, no reconhecimento de que a fonte da vida não se encontra em nós mesmos, mas apenas no Senhor da vida, isto é, em Deus presente em Jesus Cristo. Implica aderir plenamente à sua afirmação de que é o "caminho, a verdade e a vida" (Jo 14,6). É essa adesão que se manifesta no episódio dos discípulos de Emaús (cf. Lc 24,13-35), após uma conversão do olhar realizada no final de um longo caminho.

Ser a partir de Deus – o que significa, também e simultaneamente, ser a partir dos outros e para os outros – é a meta de toda a conversão, segundo a concepção cristã. É isso que significa, precisamente, acreditar. Daí a famosa admoestação de Jesus: "Convertei-vos e acreditai" (Mc 1,15). Mas o processo crente, que é o caminho de conversão, também pertence a essa meta. Ser a partir da meta (enquanto doadora de sentido) é, na realidade, o que pretende todo caminhar. Mas o caminho não pode ser sobrevoado, pois é parte integrante da própria meta. Assim, a meta do caminhar, como a da conversão, dá origem a uma espiritualidade de caminhante, que é espiritualidade de conversão constante, passo a passo, na dor e na angústia da existência.

Caminhar a pé significa estar a caminho, isto é, ter a coragem de se fazer ao caminho e, simultaneamente, implica a experiência de que ainda não se chegou à meta, que ainda se vive precisamente do próprio caminhar. Por mais que a meta esperada marque sempre o percurso a caminhar, o certo é que grande parte desse percurso é completamente determinado pelo próprio estar a caminho e não apenas por aquilo que se espera atingir.

O êxodo de Israel do Egito, em direção à terra prometida, continua a constituir o paradigma do caminho. E, de fato, o que aí ocupa o centro da experiência não é apenas a saída da escravatura, como imagem da libertação de nós mesmos e da saída de um segurança falsa; também não é apenas a chegada à terra prometida, que aliás não foi tão rápida e tão perfeita como se esperava, o que acabou por adiar a esperança para uma terra ainda mais longínqua, sempre desejando. Mesmo que esses pontos de referência, enquanto extremos que dão sentido à caminhada, sejam importantes – caso contrário, tratar-se-ia apenas de uma caótica errância pelo deserto –, o certo é que a caminhada é essencialmente constituída pelo trajeto, enquanto tal. E o trajeto é desértico. Não oferece muitos oásis de repouso, pontos de estabilidade, portos de segurança. O trajeto é feito para nômadas sem termo, sem pátria definitiva ainda.

O deserto é, assim, o símbolo de um mundo que não permite fixação em ponto nenhum. É um lugar sem lugares, é uma espécie de utopia não desejada, mas permanentemente percorrida. Mas é um percurso necessário, é o lugar por excelência de quem vai para outro lugar, sentindo verdadeiramente na carne – no sentido mais literal do termo – o espaço que percorre a cada momento. O deserto convida ao silêncio que permite escutar, no calar das vozes da nossa presunção, a profundidade daquilo que somos e daquilo que são tudo e todos os que nos rodeiam.

Durou quarenta anos a caminhada bíblica. Não foi coisa de minutos ou horas, como os atuais voos de avião. Nem sequer foi coisa de uma geração. Muitos apenas caminharam, sem ver partida nem meta. Muitos nasceram e muitos morreram a caminho. Caminho longo, como é sempre o percurso da vida, mesmo que seja cronologicamente curto. Longo é também o percurso da conversão, que não se consegue de um momento para o outro, de repente, como as nossas viagens a alta velocidade. É preciso aprender a paciência do caminhar. É preciso ganhar a capacidade de ver o final da reta, desejar lá estar, e aceitar a demora em lá chegar. E se aprendermos a paciência conosco e com o nosso percurso, aprenderemos – o que é mais importante – a paciência com os outros e com a lentidão dos seus caminhos. Andar a pé é ser paciente. Ser paciente é converter-se, no sacrifício.

Andar a pé também é aceitar o desafio de um caminho exigente. Os quilômetros de terra percorrida pesam sobre os músculos de um corpo limitado. É importante sentir esse corpo, sentindo os seus limites. É importante aceitar e aprender a viver com os limites desse corpo. É importante sentir a dor que o caminho impõe ao caminhante. A conversão é dolorosa, pois mata constantemente.

A dor existe. É absurda mas existe. Não sentir a dor é ser apático em relação ao real – dos outros e nosso. Sentir a dor é aprender a ser solidário com todo o ser que sofre. Capacidade de sacrifício é capacidade de sofrer com o sofrimento de todos.

Mas a cultura contemporânea parece ser alérgica ao sacrifício, porque é alérgica à dor. Não que tenha conseguido superá-la – isso seria muito bom. Apenas conseguiu escondê-la, transformando-a num dos tabus mais fortes dos tempos que vivemos. E uma das formas mais habituais de escondê-la é mostrá-la em demasia, midiaticamente, virtualmente, irrealisticamente, como se de uma ficção ou um espetáculo se tratasse. A dor real, enquanto sofrimento de tudo aquilo que é difícil, é estrategicamente evitada, contornada, eufemizada.

O caminhante não tem possibilidades de contornar a dor do caminho – nem os atalhos ajudam e os desvios podem ser ainda mais dolorosos. Antes de tudo e sobretudo, porque sair de casa e pôr-se a caminho é o ato mais doloroso que o ser humano pode realizar. Depois, porque a demora e a dureza do caminho contrariam o desejo de imediatez e rapidez que anima o sujeito contemporâneo. Depois, porque a meta é distante; e é difícil, para um habitante do mundo atual, perseverar na perseguição de uma meta. Na maioria dos casos, prefere limitar-se a fruir uma pequena sombra que surja ao fim de alguns metros. E por aí se fica, gozando a vida sem vivê-la.

Mas o fato de a caminhada a pé ser exigente e implicar certa forma de morte contínua, não significa que se imponha ao caminhante, eliminando a sua liberdade. Pelo contrário: a caminhada, sobretudo numa cultura em que deixou de ser estritamente necessária, apresenta-se como constante proposta gratuita ao possível caminhante. Aderir ou não é a decisão da liberdade humana. Sem falsas promessas de felicidade fácil e barata, a caminhada a pé joga-se em plena liberdade e nela se joga a liberdade mais autêntica de todo ser humano. Por isso é que o caminho da vida, a percorrer a pé para lhe sentir todos os passos e todos os momentos, é um constante caminho de conversão do ser humano contra si mesmo, em nome de si mesmo e da sua verdade. Essa, a plena verdade de si, é a meta que nos anima, porque só ela nos libertará.

Mas atingir a meta como posse da plena verdade de tudo não é para os peregrinos, enquanto ainda são peregrinos. Poderá ser apenas para aqueles que terminam definitivamente a sua peregrinação, no repouso final e absoluto de si mesmos. Enquanto peregrinamos vivos, não podemos viver a plenitude da verdade daquilo que somos. Apenas podemos caminhar para lá, esperando, desejando, tendo fome. Mas podemos, para além disso, encontrar locais e momentos – espaços fortes, tempos fortes – em que simbolicamente se nos torna presente – e simultaneamente ausente – essa plenitude, como que ocasionalmente entreaberta. São esses espaços e esses tempos que, como símbolos da verdadeira meta, constituem – entre outros possíveis – os locais de peregrinação.

Por isso é que, antes de tudo, os locais de peregrinação são símbolos que dão sentido ao caminho do peregrino. Sem meta, não há sentido. O sentido marca todo o caminhar e implica, por isso mesmo, conversão à meta que se persegue – à qual não levariam outros caminhos. Mas não é apenas a meta que é necessária, pois ela mesma torna o percurso necessário até ao lugar de chegada. Por isso mesmo, os locais de peregrinação conjugam, de forma simbólica e mesmo ritual, a orientação final do caminho – sempre transcendente ou diferente do próprio caminho, enquanto tal – com a realização particular e plural dessa orientação, já que cada local de peregrinação determina os respectivos caminhos específicos, enquanto elementos situados cultural e ritualmente, como é nitidamente o caso específico de Fátima e dos caminhos que lá conduzem. A peregrinação, enquanto caminhada a pé para uma meta, torna-se símbolo existencial e ritual da autêntica atitude religiosa, que é a autêntica atitude de fé: atitude de constante caminhada de conversão, rumo à pátria definitiva – que em grande medida desconhecemos, mas à qual acreditamos pertencer. E este será um dos elementos centrais da espiritualidade de Fátima, tal como é vivida cem anos depois dos acontecimentos iniciais.

A chegada à meta, ao santuário desejado, coloca-nos, por seu turno, em contato com outros núcleos do acontecimento de Fátima, esses talvez mais diretamente relacionados com a mensagem originária. Vamos dedicar, pois, a segunda parte desta aproximação a alguns desses núcleos.

2. No santuário

O santuário de Fátima não é apenas um local, mas um conjunto de significados, a que corresponde um conjunto variado de espaços. É, antes de tudo, um espaço mariano, na medida em que Maria, simbolizada no seu Coração Imaculado, ocupa um lugar e um tempo centrais. Há, pois, uma relação intrínseca entre o santuário e Maria; relação que supera a configuração paisagística do local, neste caso relativamente insignificante. Porque Fátima é, em primeiro lugar, Maria e a sua mediação. Comecemos, pois, por compreender o valor mediador de Maria, tal como aí é venerada, compreendendo-a preliminarmente como santuário pessoal, para Deus e para os humanos.

Mas a mediação central de Maria é preparada pedagogicamente pela mediação do Anjo, que convoca à entrada num outro espaço e num outro tempo. Mesmo que, no conjunto do acontecimento de Fátima, o lugar do Anjo tenha se tornado secundário, não podemos esquecer o seu papel de condutor, de arauto que convida a uma experiência diferente, que genericamente pode ser compreendida como experiência contemplativa. Por isso, a sua função propedêutica, que realizou em relação aos pastorinhos, continua a ser importante, para qualquer peregrino, que só penetra no âmago de Fátima se responder ao convite do

Anjo para entrar em atitude de contemplação, atitude própria ao habitante do santuário. Por isso, o segundo passo na nossa aproximação ao conteúdo de Fátima passará pelo Anjo, como convite à contemplação.

Se o Anjo nos conduz a Maria – como conduziu Lúcia, Jacinta e Francisco –, Maria conduz-nos a Deus, como mediação sua. Por isso, o coração do santuário não seria adequadamente compreendido se não significasse uma relação pessoal com Deus, o Deus de Jesus Cristo, que em Fátima se apresenta como Deus de misericórdia, que acolhe de coração os pequeninos e os humildes, os pobres da humanidade, perdoando. Esse será o terceiro passo na nossa aproximação ao conteúdo de Fátima, passo que nos conduz ao âmago de tudo, numa revelação e num apelo de Deus que coincide plenamente com o Evangelho. E não poderia ser de outro modo, caso contrário Fátima não seria cristã.

Maria como santuário

O santuário é, antes de mais nada, um espaço e um tempo determinados. Não é apenas o lugar, mas a relação entre o lugar e os acontecimentos do lugar, em determinadas datas. Não se trata, pois, de um lugar qualquer, nem de um tempo qualquer, mesmo que qualquer lugar e qualquer tempo possam originar santuários.

Assim sendo, o santuário evoca, em princípio, uma relação específica ao espaço e ao tempo. Ora, estas duas categorias da experiência humana são as marcas da nossa experiência da finitude, inclusive também da dramática, por vezes mesmo trágica, experiência da morte. E são, também, as categorias que marcarão qualquer possibilidade de uma experiência humana do Infinito, isto é, da salvação que nos permita superar a tragicidade da mesma morte, abrindo uma luz de esperança.

Mas como será possível a transição da experiência do espaço e do tempo finitos e mortais para a experiência do Infinito, sem sair do espaço e do tempo? Trata-se de um processo que poderíamos denominar de *transfiguração* do espaço e do tempo habituais. Transfiguração essa que é produzida por um conjunto de relações em que nos envolvemos e em que envolvemos esses espaços e esses tempos.

Estes são, normalmente, encarados como realidades vazias, destinadas a serem simplesmente preenchidas ou ocupadas. Aquilo que mais experimentamos cotidianamente é a simples medição do tempo e do espaço, que os transforma em realidades todas iguais, marcadas pela rotina e pelos percursos em círculo, repetitivos – na repetição dos minutos e dos milímetros todos iguais. Essa seria uma experiência preponderantemente "racional" e "científica" do espaço e do tempo, porque uniformizada e quantificada.

Mas o tempo e o espaço são sobretudo horas e lugares qualificados, mais do que quantificados. Saímos da cidade, com a eterna repetição de ruas aparentemente todas iguais, e caminhamos para o campo ou para a montanha, onde os lugares e os tempos são mais claramente qualificados e diferenciados. Por isso, os santuários são preponderantemente no campo, implantados numa natureza que nos coloca em contato com todo o universo. E é precisamente essa relação com a natureza, no seu conjunto e na sua diferenciação, que possibilita uma primeira qualificação dos espaços e dos tempos: lugares especiais, normalmente altos, com memórias de acontecimentos especiais, miticamente fundadores, passam a povoar uma paisagem diferenciada, que salva o espaço e o tempo da sua quantificação uniformizadora.

Mas serão os santuários, sobretudo no alto dos montes, apenas espaços e tempos cósmicos ou naturais? E será o ser humano simplesmente absorvido nesse contexto da mãe natureza, de forma mais ou menos mítica e animista?

Do campo exterior, exposto e envolvente, também medonho, fascinante e tremendo, avancemos para o interior do lar, importante santuário, onde a qualificação do tempo e do espaço se dá pelas relações pessoais. Aqui, o nível das relações mudou de registo e concentrou-se na pessoa humana. A qualidade dos tempos e dos espaços depende dessas relações, que passam a construir o lugar e o tempo de cada pessoa. O lar passa a ser, assim, o ponto de partida de toda a consideração do santuário, como lugar e tempo em que habita o Infinito que nos salva.

Ora, dessa dimensão salvífica dos santuários resulta uma relação primordial, vivida nos dois níveis anteriores e que é fundamental para toda a qualificação do tempo e do espaço como santuário: trata-se, precisamente, da relação ao "sagrado". E só à medida que houver relação do nosso tempo e do nosso espaço com o sagrado é que, nessa relação, se jogará a questão fundamental da salvação da nossa realidade.

Mas o sagrado é ambíguo. O sagrado refere-se à dimensão mais fundamental e originária do ser, em geral, e do ser humano, em particular. Como tal, não nos é direta e empiricamente acessível. Nessa sua presença constante, oculta-se constantemente à nossa capacidade de controle. Torna-se, portanto, uma realidade potencialmente perigosa e destruidora – no mesmo grau em que é potencialmente salvífica e criadora. É como o infinito do mar que vislumbramos no limite da paisagem, ou dos vales que repousam a nossos pés: misteriosos e perigosíssimos, sem dúvida, mas condição fundamental da vida e da existência. Para com eles nos relacionarmos, precisamos das devidas cautelas e de meios ou mediações, a fim de não sermos simplesmente engolidos nos seus abismos desconhecidos – ou para não ficarmos, simplesmente, onde estamos, em desesperada espera da morte inevitável. É preciso partir.

De fato, a pretensão e o desafio de qualquer realidade sagrada é, em relação aos humanos, absoluta – ou tudo ou nada. Esse seu caráter absoluto pode assumir, entre nós, dois aspectos: ou absolutizamos um sagrado abstrato, dissolvendo o nosso mundo, a nós mesmos e aos outros, nesse sagrado imediato, que queima como o fogo, ou absolutizamos a nossa realidade – seja a sociedade, um grupo, uma religião, um partido, uma cultura, uma nação, ou nós mesmos – sacralizando assim realidades imanentes, em si não sagradas, portanto.

Ora, a relação ao sagrado, como absoluto em si, não nos é possível diretamente, sem que morramos – isto é, sem que deixemos de ser nós ou sem que, em nome desse sagrado, eliminemos os outros, como acontece com os totalitarismos em nome de "deus"; mas, por outro lado, a sacralização de realidades imanentes, como foi o caso da nação e hoje é cada vez mais o caso do *self*, enquanto absolutização da autorrealização pessoal e individual, não é menos perigosa e destruidora. Se, na primeira forma, o "sagrado" sacrificará os humanos ao absoluto, nesta forma os humanos são sacrificados uns aos outros ou a meras forças cósmicas – ou, então, sacrificamo-nos no altar de nós mesmos.

O "perigo" do sagrado é, assim e nessa dupla face, um perigo constante em toda a relação que com ele se instaura, se não houver os devidos cuidados. Para evitar esse perigo destruidor do sagrado, é necessário estabelecer mediações, passagens, umbrais para o sagrado, que nos permitam experimentá-lo sem sacrificarmos a nós nem aos outros.

É nesse contexto que assumem especial importância os santuários, como umbrais do sagrado que evitam o seu poder destruidor e possibilitam o seu poder criador. Mas não são mediações meramente externas ou mágicas. São-no enquanto extensão da principal mediação do sagrado, que é a própria pessoa humana. Essa é o santuário do sagrado por excelência. No seu rosto está o vestígio do Infinito que nos salva.

Essa concentração da mediação do sagrado no santuário que é cada pessoa é essencialmente resultado da tradição judaico-cristã. Segundo esse modelo, supera-se o potencial destruidor do sagrado, transformando-o em fonte de vida para todos e cada um. Assim, os santuários cristãos distinguem-se dos santuários pagãos, porque não sacrificam a pessoa humana a poderes cósmicos, naturais, ou então a poderes políticos, econômicos etc. O paganismo, pelo contrário, significa precisamente, nem mais nem menos, uma problemática sacralização de tudo isso.

Por esse motivo, o santuário cristão, na atualidade, pode ser compreendido como uma espécie de alternativa – mesmo se no respeito da sua identidade – aos diversos "santuários" pagãos, que parecem marcar cada vez mais a vida dos nossos contemporâneos.

Perante a sacralização dos sistemas globais do consumo e dos *mass media*, o santuário cristão é local, de certo modo, *antiglobalista*, porque denuncia todo tipo de sacrifício da pessoa ao sistema abstrato, mesmo na forma sutil e oculta do atual mundo publicitário.

Perante a sacralização de energias cósmicas, em todos os espiritismos e astrologias que hoje povoam o espaço sociocultural, o santuário cristão é *personalista*, orientado para pessoas de carne e osso, em que a experiência do corpo é o núcleo dos lugares simbólicos a que peregrina.

Perante a sacralização do desejo, que transforma a cultura em procura obcecada do prazer e do bem-estar, o santuário cristão é *anti-hedonista*, pois exige o sacrifício e a nudez penosa da peregrinação a pé, da caminhada dura, a qual é mais profundamente motivadora que toda forma de prazer fácil.

Perante certa sacralização do *self*, a absolutização da autorrealização de cada um, que transforma o indivíduo em centro absoluto do universo, o santuário cristão é *anti-individualista*, pois implica a capacidade de doação de si, na noção de uma profunda solidariedade dos peregrinos que partilham a mesma caminhada da vida e a mesma meta procurada.

Perante a sacralização da técnica, no espaço e no tempo das nossas cidades cada vez mais artificiais, povoadas de vidas igualmente artificiais, os santuários cristãos são *ecológicos*, pois reconduzem o ser humano ao seu lugar na Criação, em contato e em respeito solidário com todas as criaturas, unificadas no mesmo Criador e colocadas ao serviço mútuo. O santuário passa a ser, desse modo, local e tempo privilegiados para o exercício da responsabilidade humana pela Criação.

Perante a sacralização do movimento turístico, que sacrifica ao consumo do ver e do experimentar todos os elementos mais fundamentais de cada cultura, de cada religião, de cada identidade, de cada patrimônio, tornando-os objetos mortos de um museu exterior, o santuário cristão é uma *realidade viva*, que marca a vida dos seus visitantes, apenas orientados pelo Infinito que os salva e nunca sujeitos ao "deus menor" do consumo onipresente e onipotente.

Com base em todas estas características, podemos concluir que o santuário cristão é a presença, em espaços e tempos finitos, do Infinito que assim os habita, a partir de dentro, e lhes possibilita um futuro com sentido, isto é, a salvação do trágico destino de morte. Santuários do Infinito somos, antes de mais nada, todos nós. Não cada um de nós, para si, mas o outro, para cada um de nós. Primeiramente, o outro mais próximo, no lar. No rosto do marido e da esposa, dos filhos e dos pais, está presente, espacial, temporal e corporalmente para nós, o Infinito que nos salva.

Mas o lar alarga-se ao lar da comunidade local e potencialmente universal. Assim como o santuário, que é o outro de nós, origina lugares e tempos para nós significativos, também os outros da comunidade humana mais vasta originam tempos e lugares significativos, que chamamos santuários. Na peregrinação a esses lugares, tornamo-nos solidários com todos os humanos, na caminhada para o sagrado, segundo a modalidade da vida e não da destruição. Os santuários de pedra são, pois, a concentração simbólica e exteriorizada dos santuários de carne, no rosto dos quais raia para nós a luz do Infinito. Mas como pode o Infinito fazer-se presente na nossa finitude?

Falamos habitualmente de presença de Deus em nós e entre nós, como onipresença que tudo abarca. Contudo, raramente refletimos sobre o que pode significar essa presença e como será possível mesmo compreendê-la. De modo geral, a presença implica uma forma específica de relação ao espaço e ao tempo. Algo ou alguém presente é algo ou alguém que existe e se manifesta em determinado momento, diferente do passado e do futuro: precisamente o momento presente, que permite que alguém possa ser considerado presente. Por outro lado, a presença de algo ou alguém implica a ocupação de determinado espaço, numa comunhão de espaço com algo ou alguém, para o qual está presente. Ou seja, algo ou alguém é e está presente, na medida em que está irremediavelmente sujeito aos limites finitos do tempo e do espaço. Caso contrário, ou já não está presente, ou ainda não está presente, ou simplesmente nem é nem está. E, pela mesma razão, sendo e estando presente, não pode ser noutro tempo nem estar noutro lugar.

Nesse sentido, o conceito de presença implica uma limitação, mesmo uma redução, que determina as características da finitude e dos seres finitos. Ora, é sobre esses seres finitos que se elabora, então, um discurso que os torna presentes na linguagem, encerrando-os nos limites dessa mesma linguagem, que é tão finita como a humanidade que a origina. A presença parece implicar, pois, o fato de se ser englobado, abraçado, limitado pelo espaço, pelo tempo e pela linguagem.

Ora, quando falamos de Deus, referimo-nos ao Infinito, precisamente como origem e fim desta nossa finitude, por isso diferente dessa mesma finitude. Como podemos, então, aprisionar essa origem infinita no tempo e no espaço, aprisionando-a na linguagem humana, sem matar a sua infinitude – isto é, sem eliminar Deus enquanto Deus? Não será Deus o inacessível, o absolutamente ausente do nosso tempo e do nosso espaço, por isso também da nossa linguagem e da nossa existência?

Mas, se assim é, como pensar a salvação da nossa finitude, se nela nenhuma presença infinita se pode manifestar? Se Deus é o absolutamente ausente, como poderemos com ele relacionar-nos, para acolher o dom da vida e da salvação? Não estaríamos, assim, eternamente condenados ao eterno repetir-se do nosso mundo finito, em morte circular, sem sentido e sem saída?

Em realidade, este paradoxo parece não ter saída, estando o crente condenado, ou ao desespero, pois nenhum caminho o conduz a Deus nem Deus até si, ou ao simples processo de construção de "deuses", no contexto da sua realidade espaçotemporal, mas que não passam de produtos finitos – o que conduz de novo ao desespero, pois os ídolos não permitem esperança.

Resta-nos, contudo, uma terceira via: pegar neste paradoxo – um Deus por definição ausente, mas de cuja presença dependemos – e torná-lo fértil, precisamente como paradoxo. Isso é possível, na medida em que pensamos a presença de Deus como ausência, e a ausência como presença. Mas como é isso viável?

Talvez nos possa ajudar, aqui, a categoria da mediação simbólica. Uma realidade – ou uma pessoa – que se apresenta como símbolo de outra realidade ou pessoa constitui mediação da presença dessa outra realidade ou pessoa. Quando essa outra realidade não pode conhecer uma presença direta – dita imediata – no contexto do espaço e do tempo, então só pode estar presente, mantendo-se ausente; ou seja, só pode estar presente por mediação de um símbolo. Mas, nesse símbolo, encontra-se realmente presente, só que numa modalidade de presença que não anula nem contradiz a ausência.

Deus infinito, absolutamente ausente porque inabarcável pelo espaço e pelo tempo finitos e humanos, só pode estar presente segundo a modalidade simbólica ou da mediação. Aquela realidade – ou pessoa – que para nós se torna presença desse ausente, é real presença de Deus – mesmo que, desse modo, Deus não seja reduzido à finitude do símbolo que o *re-presenta*, que o torna presente.

Toda a criação, por ser precisamente criação de Deus, é potencial símbolo da sua presença, tornando-se por isso mediação do próprio Deus. Mas, assumida assim a criação, na sua globalidade, é assumida na sua dimensão sagrada – entendamos aqui o termo "sagrado" como adjetivo que qualifica uma realidade, em si neutra, e não como o sagrado fundamental, que só Deus é, como vimos acima, ao criticar o animismo. Ora, assumir o caráter sagrado da criação inteira implicaria, mais uma vez, cair em total indiferenciação dos espaços e dos tempos. Onde tudo é sagrado, em realidade nada o é, pois não poderemos experimentar lugares ou tempos especiais, que para nós sejam ocasião da experiência do sagrado fundamental.

Em realidade, o que acontece é que, pelo processo de transfiguração de que acima se falou, o ser humano, em comunidades e em culturas, confere potencial especialmente simbólico a determinadas realidades, no interior da criação. Devido a circunstâncias diversas – que não dependem apenas da subjetividade de cada um – determinados espaços e tempos transfiguram-se, para nós, em símbolos mediadores da presença de Deus.

Dentre esses símbolos, os mais universalmente conhecidos são, sem dúvida, os santuários. Assim, pelo processo de referência específica de determinada comunidade religiosa a determinado lugar – devido ao seu complexo leque de significados –, esse lugar, transfigurado em santuário, torna-se mediação ou umbral privilegiado do sagrado; no caso concreto do cristianismo, torna-se presença real-simbólica do Deus transcendente e inabarcável, mas simultaneamente salvador pessoal.

Mas, para além disso e tal como se viu acima, essa mediação espaçotemporal, orientada para a natureza e para construções exteriores ao ser humano, não pode eliminar, nem sequer secundarizar o fato de que o santuário por excelência da presença de Deus entre nós é precisamente cada ser humano, independentemente da sua condição ou origem. Esse traço da noção bíblica de presença de Deus, precisamente na lei que, em si mesma, dá corpo à referência ao outro ser humano como núcleo da nossa experiência do sagrado, não poderá nunca ser descurado nos santuários que povoam a nossa paisagem, sob pena de idolatrarmos a presença de Deus.

Dentre os seres humanos, Jesus de Nazaré constitui a forma plena de presença de Deus entre nós, assumindo em si e levando à plenitude – não as anulando – todas as outras mediações, como a Lei, os profetas, os reis, os lugares e os tempos sagrados. Ele constitui uma espécie de concentração pessoal de tudo isso, fazendo com que todas essas mediações passem a só ter significado se referidas a sua pessoa. Ele é, por isso, o santuário fundamental da presença de Deus entre nós, enquanto Deus para nós, sendo ao mesmo tempo um Deus infinito, inabarcável, indizível, absolutamente outro em relação a nós. Ele é, sobretudo em Jesus Cristo e, por ele, no Espírito, simultaneamente o "totalmente-outro" (Rudolf Otto) e o "não outro" (Nicolau de Cusa) do ser humano e de toda a criação.

Ora, o fato de Jesus Cristo ser o santuário pleno, relativamente a Deus e aos humanos, manifesta-se na sua total transparência para o Pai. Quem o vê, vê o Pai, porque o seu ser reside, precisamente, em ser a partir do Pai e para o Pai. Nesse sentido, ele é apenas e exclusivamente santuário de Deus, em toda a envergadura do seu ser. Por isso é que ele é Deus, sendo diferente do Pai.

Mas essa forma plena e total de ser santuário de Deus entre os humanos, tal como acontece em Jesus Cristo, deu-se e dá-se por uma presença específica e única de Deus entre nós. Sendo uma presença segundo a modalidade da mediação – o ser humano e divino Jesus Cristo é por isso o mediador propriamente dito –, o certo é que se trata de uma mediação realizada pelo próprio Deus. Ora, assim sendo, a sua presença em todos os tempos e espaços da história humana necessita de uma mediação também, caso contrário Jesus Cristo seria a anulação da infinitude e da inabarcabilidade de Deus.

Daí resulta o lugar da Igreja, como mediação. Falamos, sem dúvida, da Igreja como instituição estruturada, mas não podemos perder de vista que, originariamente, essa instituição é comunidade de pessoas, de crentes que se assumem, precisamente em comunidade, como mediações do próprio Jesus Cristo e da sua ação salvífica.

E no contexto dessa mediação humana – eclesial – do único mediador humano-divino que foi Jesus Cristo, situa-se a mediação de Maria. Ela é representante – mediadora, portanto – da humanidade inteira e, de modo especial, da comunidade eclesial. E o é de forma específica, única, não repetida do mesmo modo por mais nenhum humano nem por mais nenhum membro da Igreja. Mas, se é mediadora, o é precisamente enquanto humana e enquanto membro da Igreja.

Por isso, podemos falar de Maria como santuário humano por excelência, por participação no mais fundamental santuário de Deus, o seu Filho Jesus Cristo, umbral e mediação primordial do Infinito, no interior e do interior da nossa condição finita. Não admira, pois, que a maioria dos santuários cristãos seja constituída por santuários marianos, pois assim marcam claramente a sua diferença relativamente aos santuários "pagãos". Ela é, para nós e sempre, o paradigma dos santuários do Infinito, enquanto sua presença entre nós.

Ora, o significado da expressão "entre nós" pode ser, neste contexto, entendido duplamente. Em primeiro lugar, Maria é, como santuário mediador, uma forma de presença ativa de Deus no interior do seu povo e para o seu povo. É como que um sacramento de Deus, se entendermos o termo sacramento em sentido lato.

De fato, os sete sacramentos que conhecemos e celebramos na Igreja são a condensação ritual da sacramentalidade de toda a Igreja, ou mesmo da sacramentalidade de toda a mediação simbólica da presença atuante de Deus. Em realidade, a estrutura sacramental é mais vasta, pois implica precisamente a forma de uma presença numa ausência. O Deus Infinito, por definição ausente e inabarcável pela nossa realidade, torna-se nela presente, através dela, mas sem com ela se confundir. Essa real presença, sem identificação absoluta com o real criado, é precisamente o sacramento.

Nesse sentido, Maria é sacramento de Deus entre os humanos, na medida em que constitui real presença de Deus, sem com ele se confundir. A relação de analogia entre Deus e a sua mediação sacramental – sobretudo enquanto ser humano – é aqui fundamental, pois uma visão simplesmente unívoca reduziria Deus ao ser humano (ou divinizaria o humano, o que seria o mesmo); e uma visão equívoca não permitiria falar em presença de Deus nem, por isso mesmo, em relação alguma entre Deus e o ser humano. Assim, por participação analógica no Infinito de Deus – através de um dom gratuito do próprio Deus –, Maria torna-se forma de real presença divina entre os seres humanos. Ela é, por isso mesmo, manifestação e doação de Deus para nós.

Mas, por outro lado, o seu estatuto de mediadora da presença salvífica de Deus entre nós advém-lhe da sua realidade antropológica essencial: ser membro da humanidade, criada à imagem e semelhança de Deus, e membro da Igreja, comunidade antecipadora da nova humanidade, como plenitude da criação. Assim, Maria é, entre nós e enquanto uma de nós, presença de Deus, manifestando em si mesma aquilo que todo ser humano é chamado a ser: presença de Deus para o outro. Maria é, entre nós, o paradigma da total transparência para Deus, à semelhança e por participação do paradigma do seu Filho, Jesus Cristo. Ela é o santuário por excelência, pois participa plenamente no santuário dos santuários.

A nossa peregrinação até ao santuário de Maria, porque é uma peregrinação até Maria como santuário, é excelsa realização da nossa peregrinação até Deus, nela especialmente presente; e o é, sobretudo, porque é uma peregrinação com Maria, que conosco caminha para o Pai. Em Maria, a humanidade está a caminho da plenitude, na confiança de que essa lhe será dada: uma plenitude em que vejamos superado o mal, sobretudo do pecado, num futuro infinito e imaculado, real, simbolicamente antecipado no presente do Coração Imaculado de Maria, centro da manifestação de Fátima, em estreita continuidade com a tradição da devoção e afirmação da Imaculada Conceição, tão viva na história de Portugal e, por sua influência, também no Brasil.

O Anjo como convite à contemplação

Como já foi dito acima, as manifestações de Maria, em Fátima, foram precedidas e preparadas pelas manifestações de uma figura identificada pelos pastorinhos com o "Anjo" – o "Anjo da Guarda", o "Anjo da Paz", o "Anjo de Portugal". Não interessa debater aqui uma angelologia teológica, discutindo eventualmente o significado dos anjos e da sua "realidade". Porque o Anjo não falou de si. Como qualquer mensageiro – e esse é o significado originário da palavra "Anjo" –, ele falou de outra realidade. Essa outra realidade também não foi Maria, como se o Anjo fosse simplesmente o seu precursor, do mesmo modo que João Batista foi para Jesus. Ele falou de Deus, sobretudo enquanto *Eucaristia* e enquanto *Trindade*. E falou de atitudes humanas, solicitadas a todos, através dos pastorinhos: a atitude de *adoração* e a atitude de *reparação*. Da segunda, falaremos mais adiante, quando voltarmos a sair do santuário. Aqui, ainda no seu interior, cabe-nos prestar breve atenção à adoração, para depois nos concentrarmos nos temas da Eucaristia e da Trindade.

A adoração é a atitude contemplativa por excelência. Mas, quando falamos de contemplação, não falamos necessariamente de fenômenos de êxtase, a que corresponderia certo alheamento do mundo. É certo que, já na ocasião, por vezes os pastorinhos – sobretudo Francisco, como vimos – assumiam essa atitude, alheando-se de tudo, em oração. Mas a adoração contemplativa é também da ordem da ação, pois corresponde a um determinado modo de ver o mundo e de habitá-lo. Quando a tradição hebraica, nomeadamente no decálogo, exige que se adore a Deus e só a ele, acima de todas as coisas, isso vai implicar uma atitude perante todo o resto. Porque adorar a

Deus é reconhecê-lo como Deus e Senhor (*Adonai*, em hebraico); e reconhecê-lo como tal é não aceitar mais nada nem ninguém como Deus e Senhor. Assim, uma atitude que reconhece a exclusiva divindade de Deus reconhece, ao mesmo tempo, a plena secularidade do mundo, no qual nos inserimos mas ante o qual nos comportamos com perfeita liberdade, correspondente à nossa dignidade – como aconteceu claramente com os pastorinhos, nomeadamente no contexto dos interrogatórios e das pressões das autoridades, tanto mais fortes por se tratar de simples crianças.

Por outro lado, é inegável que a representação mais significativa do Anjo e da sua revelação se refere à Eucaristia. É evidente que isso pode ser interpretado no contexto existencial dos três videntes, entusiasmados com o rito da Primeira Comunhão e com a riqueza do imaginário que rodeia esse rito, o que certamente os impressionava. Mas a questão pode também ser inserida no contexto mais vasto do significado da Eucaristia para o cristianismo, nomeadamente para o catolicismo, independentemente dos modos como devocionalmente se lhe dá figura histórica.

Não raramente, identifica-se a Eucaristia com o corpo e o sangue de Cristo, mais propriamente com o corpo presente no assim denominado "Santíssimo Sacramento". Seria esse o caso preponderante no contexto eclesial português (e não só) de há cem anos, provavelmente mais do que acontece atualmente.

Essa compreensão, não sendo propriamente incorreta, pode originar visões muito redutoras da Eucaristia, com base em noções também redutoras de presença e mesmo de sacramento.

De fato, ao falarmos desse modo, consideramos a Eucaristia como uma realidade feita – um fato (*factum*) ou mesmo uma coisa (*res*) –, na qual está para nós, estaticamente, presente Deus. Adoramos esse Deus estático, de forma também estática, que identificamos – embora talvez erroneamente – com contemplação.

Mas a Eucaristia não é apenas – nem, talvez, sobretudo – isso; assim como não é isso a contemplação desse mistério nuclear do cristianismo. A Eucaristia é um *acontecimento* com características próprias e é só por relação a esse acontecimento que faz sentido a referência ao "Santíssimo Sacramento", como uma espécie de "condensação" de uma presença dinâmica, que se manifesta primordialmente no acontecimento. Por isso, falarei aqui de Eucaristia sempre nesse sentido dinâmico de acontecimento – a acontecer, e não simplesmente acontecido – com significados múltiplos. Mas de que acontecimento se trata?

Antes de mais nada, a Eucaristia é primordialmente uma ação, formada por um conjunto de gestos (ritos) e de palavras, realizada por um conjunto de pessoas, reunidas num determinado lugar e durante determinado tempo. Nesse sentido, podemos falar de uma ação comunitária, já que não se trata apenas de uma realização de devoção individual.

Ora, uma ação comunitária cria, antes de tudo, a própria comunidade. E cria-a na medida em que origina comunicação – ou melhor, na medida em que é em si uma *ação comunicativa*. Assim, o fato de um conjunto de pessoas se reunir, num espaço e num tempo comuns, realizando gestos comuns e escutando ou proclamando palavras comuns, origina comunicação entre essas pessoas, o que transforma essa ação numa ação comunicativa. E a Eucaristia é sempre, também, uma ação comunicativa, originadora de comunidade, porque instaura comunicação entre os seus membros, que assim comungam de uma mesma identidade e pertença: precisamente à comunidade eclesial.

Mas, se é a Eucaristia que faz a comunidade, pela comunicação, não se pode dizer que seja, radicalmente, a comunidade que, por si mesma e nos seus membros, faça a Eucaristia, em sentido total. Esta seria, se assim fosse, um produto da própria comunidade e da comunicação entre os seus membros. Mas a Eucaristia implica que a comunicação que se instaura não seja apenas nem primordialmente encerrada nos membros da comunidade, nem sequer no seu presidente, por mais importante e dotado que seja. Por isso, a comunidade eucarística não é um clube, ou um partido, ou o grupo dos "fãs" de determinado "ídolo", nem que seja sacerdote.

A comunicação que se origina na Eucaristia – e que origina a Eucaristia – é originada, por seu turno, através da orientação de toda a comunidade para a "figura" primordial, que é assim celebrada. Em toda a sua dimensão comunicativa, a ação eucarística é fundamentalmente uma *ação celebrativa*. Esta é uma forma de ação, na qual os agentes, em comunidade festiva, não são origem nem dessa comunidade nem dessa festa, nem se encontram para celebrar a si mesmos. Uma comunidade celebrativa celebra algo exterior a si – mesmo que esteja mediatamente presente no seu meio. Assim, na Eucaristia, a comunicação que unifica os seus membros é da ordem da celebração, porque nela é celebrada uma pessoa que lhe é transcendente, Jesus Cristo, no qual Deus se revela e salva.

Ora, celebrar a pessoa de Jesus Cristo é celebrar o que ele realizou, para nossa salvação. Assim, o ponto de orientação fundamental da ação eucarística é, sem dúvida, o Mistério Pascal, como acontecimento escatológico de salvação universal. Sendo Deus, em Jesus Cristo, assim como o Mistério Pascal – porque acontecimento escatológico – transcendentes à comunidade, encontram-se ausentes mas, simultaneamente, presentes. E a sua presença é que permite, precisamente, que uma reunião comunitária não seja simples reunião, mais precisamente *sacramento*. Porque o sacramento é a forma de tornar presente algo ou alguém ausente, sem que este deixe de ser transcendente e, por isso, de algum modo sempre ausente

– como acontece com a dinâmica entre proximidade e distância, evocada no início.

Esse dinâmico processo sacramental de tornar alguém ou um acontecimento realmente presente, sem o reduzir às coordenadas limitantes do espaço e do tempo de uma comunidade particular, realizando a presença de um modo "indireto", mediatizado, não possível de outro modo, pode chamar-se símbolo. Assim, a ação eucarística é uma *ação simbólica*. Não tem por função – como a ação tecnológica, ou grande parte do nosso fazer cotidiano – realizar algo de utilitário, cujo significado se esgote na finalidade direta para que existe, que é precisamente o produto, como efeito de uma causa.

O conjunto daquilo que se realiza, como ação simbólica, não é diretamente para se conseguir o que se faz: beber, para matar a sede; comer, para matar a fome; andar, para chegar de um lado ao outro; falar, para comunicar informação. A ação simbólica, sendo tudo isso, é mais do que isso e pretende referir-se a esse *mais*, que passa assim a estar simbolicamente presente. E, estando simbolicamente presente, não está menos realmente presente.

Resumindo, poderíamos dizer que a Eucaristia é uma ação simbólica, comunicativa e celebrativa, na qual se torna real e eficazmente presente a pessoa de Jesus Cristo e a sua ação salvífica, enquanto libertação pascal. Mas como se torna essa pessoa e esse acontecimento presentes? Através de que ações? E que é que se torna, assim, real, simbolicamente presente?

É relativamente consensual que o símbolo nuclear da Eucaristia é o pão. Assim sendo, o alimento fundamental do ser humano é assumido como forma de presença de Deus, como presença real-simbólica da pessoa de Jesus Cristo e dos acontecimentos salvíficos. Mas o símbolo do pão parece ser, à primeira vista, uma realidade restrita e estática. E o seria, se apenas fosse assumido na sua dimensão de coisa física. Mas o pão, na Eucaristia, é assumido na sua dimensão de símbolo e, como tal, na sua capacidade de tornar realmente presente algo ou alguém ausente. Nessa dimensão profunda da sua essência – mais profunda, sem dúvida, do que a sua simples presença física – o pão eucarístico possui um significado dinâmico, de acontecer temporal e espacial, que se desdobra em diversas significações parciais, todas elas unificadas numa única celebração, na referência a um único Deus, por concentração num único símbolo, mesmo se polissêmico e articulado de variadas formas, das quais se destacam as seguintes.

O pão surge-nos, na celebração eucarística, antes de tudo como alimento da verdadeira e nova aliança, na *proclamação* das Escrituras e no relato de outros textos fundadores. É sumamente significativo o fato de que os relatos da última ceia – a que se pode ligar a Eucaristia, no seu embrião originário – estabeleçam uma estreita ligação com a temática da aliança e do banquete escatológico. Isso confere à ação eucarística – e ao símbolo do pão, como sua articulação central – uma ligação de continuidade e referência a toda a história da salvação, enquanto história das alianças de Deus com o ser humano, a caminho da aliança plena e definitiva. Sendo assim, a narração – nos textos que constituem a Eucaristia, sobretudo nos textos escriturísticos – das gestas de Deus em favor do seu povo articula o reconhecimento atualizador dessas ações de Deus, numa dimensão performativa[1] da linguagem, e não apenas na sua dimensão informativa. Nela se dá uma permuta simbólica – a única forma possível de relação entre Deus e o ser humano – entre Deus e a comunidade e entre o presente dessa comunidade, o seu passado e o seu futuro. Permuta que é criadora da identidade da comunidade celebrante e, no seu interior, de cada membro dessa mesma comunidade – uma identidade que redime e recria, ante o caos da não identidade ou da falsa identidade de quem se encontra perdido. Por isso se fala da identidade do Homem novo.

O pão eucarístico surge-nos, depois, como alimento oferecido à sua origem, ao "lugar" de onde veio originalmente, no rito *ofertorial*. Situando-se sobretudo na tradição dos sacrifícios de ação de graças e no âmbito de todos os ritos religiosos de oblação (mais do que na dos sacrifícios de holocausto ou da

---

[1] Entenda-se por linguagem performativa aquela forma de linguagem que realiza o que diz, na medida em que o diz, tornando o seu conteúdo presente e ativo, no preciso momento da articulação linguística desse mesmo conteúdo.

vítima expiatória[2]), a oferta dos dons – primordialmente do pão – não constitui uma oferta no sentido literal, já que Deus nada precisa de nós. Trata-se, sim, de uma oblação simbólica, que torna os dons em símbolos, os quais articulam, de novo e de forma performativa, o reconhecimento atualizador de Deus criador ou doador de vida, instaurando assim uma outra permuta simbólica entre Deus e o ser humano, agora como relação entre Criador e criatura. Essa permuta identifica o ser humano com a criatura e une as criaturas numa condição comum, solidária e fonte de toda a solidariedade (*caritas*): precisamente a condição do Homem novo, verdadeira meta de toda a criação.

Em terceiro lugar, o pão eucarístico deve ser entendido como alimento sacrificado por todos, na reatualização da *última ceia*. Nessa dimensão do símbolo do pão, torna-se presente o significado ativo da última ceia, enquanto antecipação e atualização simbólica da própria entrega total de Cristo, até à morte, para salvação de todos. O pão sacrificado é, assim, símbolo real da presença atuante dessa mesma entrega radical ou autoaniquilação (*kenosis*) de Deus, em Jesus Cristo. Nesse símbolo, dá-se também um reconhecimento atualizador, precisamente aquele que torna presente e ativo o Deus que salva em Jesus Cristo. E, nesse reconhecimento articulado simbolicamente, atualiza-se uma permuta simbólica de doação e recepção da vida: doação

---

[2] Cf. AA.VV. *Mysterium Redemptionis*: do sacrifício de Cristo à dimensão sacrificial da existência cristã, Fátima, 2003.

da e *de* vida, por parte de Deus e recepção de vida, por nossa parte; para além disso, doação *de* e *da* vida, por nossa parte, para a recebermos. Morre o Homem velho para que nasça o Homem novo, que possui a verdadeira vida, que lhe é dada na medida em que a dá. Uma nova identidade passa a habitar a criação inteira, dando novo sentido à aliança antiga, incluindo a morte, e dando novo sentido também à prática do sacrifício, de que falaremos mais adiante.

Por último, poderemos situar o símbolo do pão ao nível do alimento comido em comum, na *comunhão* (em sentido próprio de comida). Nessa ação simbólica da comunhão torna-se presente quer o próprio Deus-comunhão, quer a comunhão que nos constitui como Igreja e como seres humanos e que origina a comunidade, primordialmente na ação comunicativa que é a Eucaristia. Por isso, o símbolo real do pão comido em comum torna presente o reconhecimento atualizador de Deus-comunhão, como origem e meta da nossa própria comunhão. Efetua-se, assim, uma permuta simbólica atualizadora e presentificadora da referência a um mesmo princípio comum, originária da comunhão de filiação. Dá-se, assim, a presença real-simbólica da filiação do próprio Cristo e, nele, da nossa filiação, assim como da nossa fraternidade-comunhão. A nossa identidade afirma-se, assim, como identidade *a partir* do outro e *para* o outro, tornando-se numa identidade *com* o outro: Deus e o próximo.

Já se vê que, na Eucaristia, não se trata de um alimento qualquer, mas do pão que é dado pelo próprio Cristo – ou melhor, do pão em que o próprio Cristo se dá. Na Eucaristia, o pão é Cristo e Cristo é pão. Por isso, esse pão é o símbolo real do dom de Cristo – e do nosso acolhimento; assim como do nosso dom aos outros e ao próprio Cristo. Comer esse pão é dar-se e receber-se; é morrer – isto é, sacrificar-se – para e pelo outro. Simultaneamente, é receber a vida que se entrega, porque a vida assim oferecida é a libertação da morte, é a ressurreição – "Quem comer deste pão viverá eternamente..." (Jo 6,51).

Por seu turno, a comunhão nasce dessa doação fundamental e total. A fraternidade nasce da entrega – por referência a um terceiro transcendente, a quem se oferece o próprio pão (pois foi ele que o deu a nós, dando-nos a própria entrega aos outros). Por isso, na Eucaristia, reconhecemos que Deus é Deus e que nós somos seus filhos e irmãos uns dos outros – e isso é verdadeiramente adoração. E só reconhecendo isso somos verdadeiramente solidários, pois reconhecemos uma condição comum a todos. Reconhecendo, acolhemos de Deus a salvação, enquanto dom de vida – no dom da sua própria vida. Por isso, a comunhão no pão eucarístico é marcada, simultaneamente, por um dar-se e um receber-se. Pelo dom da vida que se recebe e pelo acolhimento da vida que se dá – a verdadeira vida nova.

Aquele que vive dessa vida nova é o Homem novo, que não possui a vida por si nem para si. O Homem novo é aquele que reconhece e vive a vida como dom de Deus – e não como produto da sua autoconstrução orgulhosa – para dar a Deus – e não para guardar e salvaguardar, numa atitude de sobrevivência estéril e, em última instância, inglória, devido ao assalto final da morte. E note-se que não é mais fácil acolher a vida como dom gratuito, imerecido, injustificado, do que dar a vida por Deus. Ao herói orgulhoso de si, até pode ser mais fácil o segundo. Só aquele que se reconhece "ontologicamente" pobre é que é capaz de acolher a vida como dom gratuito. E só esse será capaz de a dar completamente, já que o dom de si se encontra implicado no acolhimento de si, e vice-versa – como veremos, mais adiante, a propósito do tema da misericórdia e da pobreza.

Ora, aceitar a vida a partir de Deus, para a dar a Deus, como característica do Homem novo que vive de um alimento novo, possui uma articulação real-simbólica que prolonga a Eucaristia, sem realmente a abandonar. Essa articulação é que qualifica a existência cotidiana do Homem novo. Trata-se de viver a existência como acolhimento da vida a partir do outro, enquanto irmão, e para o outro, enquanto próximo. O acolhimento da vida e a doação da vida a Deus não constituem uma alternativa, relativamente ao acolhimento e à doação da vida ao próximo. Antes, pelo contrário: só na medida em que esse acolhimento e doação se realizam em relação aos outros, com que nos relacionamos concretamente, é que se pode falar em acolhimento e doação, relativamente a Deus. Por outro lado, só na medida em que o acolhimento e doação ao outro procedem do acolhimento e doação a Deus é que se tratará de autêntica solidariedade – sob a forma específica de caridade (articulação do amor de Deus e a Deus – como forma de presença da misericórdia de Deus) –, sem o perigo de estar simplesmente sob a alçada de interesses próprios ou de grupo.

Compreendendo assim a Eucaristia, esta conduz-nos ao núcleo do mistério de Deus como amor. E a definição de Deus como amor conhece, no contexto do cristianismo, uma linguagem muito própria: Deus é Pai, Filho e Espírito Santo. A referência à Trindade é, pois, um dos núcleos identificadores do conceito cristão de Deus. De fato, no credo ou símbolo da fé cristã, todo cristão afirma acreditar em Deus Pai, Deus Filho e Deus Espírito Santo. Essa afirmação é, sem dúvida, o elemento mais específico da fé cristã, determinante do modo como concebemos Deus, o mundo e o próprio ser humano.

Dessa afirmação fundamental nasceu e desenvolveu-se a afirmação dogmática de que Deus é Trindade, ou seja, um só Deus em três pessoas. Os debates sobre a formulação do denominado "dogma trinitário" foram imensos e atingiram níveis de elevada especulação. A síntese doutrinal que se transmitiu – Deus é uma só essência divina em três pessoas – foi o modo mais compacto de permanecer fiel ao que se considera ser a correta formulação da fé cristã. Mas a fórmula tornou-se demasiado abstrata, sendo necessário repensar o que pretendemos dizer, quando afirmamos crer em Deus uno e trino.

O melhor modo de compreender aquilo de que estamos falando é regressar sempre à base da formulação da doutrina trinitária, ou seja, à afirmação fundamental de que Deus é Pai, Filho e Espírito Santo, sendo um só Deus. Ou seja, quando afirmamos que Deus é três pessoas, não dizemos que seja três sujeitos diferentes, como se fossem três deuses, em relação pacífica, ou então em relação conflituosa uns com os outros. Porque a fé cristã continua a ser – como a judaica e a muçulmana – uma fé monoteísta, que afirma a existência de um só Deus. Então, a afirmação de que Deus é Pai, Filho e Espírito Santo está ligada ao modo de ser próprio desse único Deus, revelado em Jesus Cristo.

Que Deus é Pai significa que não é para si mesmo, mas para outro, isto é, para o Filho. Porque o que define um Pai é, precisamente, a sua relação ao Filho (sem essa relação, ninguém é pai, mas simplesmente um sujeito). Deus é, então, a própria relação de paternidade, que é aquele modo de existência em que se vive apenas para dar a vida ao outro e não para a guardar para si. O que define a paternidade é, precisamente, o ato de gerar gratuitamente a vida, gerando alguém diferente de si.

Que Deus é Filho significa que o que é gerado pelo Pai não é algo ou alguém exterior a Deus – como o mundo, ou a criação, ou nós –, mas o próprio Deus, enquanto Filho. Ser filho é não ser origem de si mesmo, mas originado por outro, precisamente pelo pai. Por isso, não se é filho sem um pai e a filiação é definida simplesmente pela relação à paternidade e à maternidade.

Enquanto Pai, Deus é *para* o outro; enquanto Filho, Deus é *a partir* do outro. Deus é, portanto, relação ao outro, em si mesmo. E esse ato relacional constitui a essência de Deus, por completo. É esse mesmo ato que pode ser pensado como Espírito Santo. Por isso, o Espírito "resulta" (a tradição diz que é "exalado") da relação entre o Pai e o Filho e, ao mesmo tempo, é a condição dessa relação.

Ora, a relação entre Pai e Filho – e vice-versa – que é o Espírito, é uma relação de amor – é o próprio amor, definido como ser para o outro e ser a partir do outro. De fato, a relação de paternidade (e maternidade) e a relação de filiação, que nós conhecemos analogicamente das relações entre os humanos, são as relações paradigmáticas do amor. Ser pai (mãe) é amar o seu filho, dando-lhe a vida – e mais nada; ser filho é amar o pai (e mãe), acolhendo a vida que é dada – e mais nada. E é desse espírito amoroso que vive a mais profunda relação inter-humana.

Por isso é que a afirmação de que Deus é Pai, Filho e Espírito é o melhor modo de dizer, concretamente, que Deus é amor. E o amor é relação total de diferentes. Porque o Pai não é o Filho e o Filho não é o Pai, assim como o amor que os une, enquanto Espírito Santo, não é um nem outro. Nesse sentido, a relação de paternidade e a de filiação não se confundem. Se fosse anulada a diferença entre Pai e Filho, não haveria relação de amor, mas apenas aparência de amor, na medida em que Deus seria uma só realidade, estática em si mesma. E o amor de algo ou alguém apenas a si mesmo não é verdadeiro amor. Por isso, a relação intratrinitária, enquanto relação amorosa paradigmática e originária, é a relação de pessoas verdadeiramente diferentes e únicas, mas não como sujeitos, senão como relações específicas (paternidade e filiação, enquanto amor), que constituem um só e único Deus.

Esse paradigma da relação amorosa entre pessoas diferentes, segundo a modalidade da paternidade e da filiação, sendo o paradigma da relação interna ao próprio Deus, isto é, de Deus consigo mesmo, também é o paradigma da relação de Deus com o mundo e do mundo com Deus. Porque, ao criar, Deus estende a sua paternidade à Criação, embora de modo diferente da sua paternidade para com o seu Filho. Mas é um modo análogo. Por isso, assim como o Pai gera por amor gratuito, pois esse é o seu modo simples de ser, assim Deus cria por amor, gratuitamente, como extensão do seu modo de ser Pai. E a Criação, sendo dada como é dado um Filho, não tem origem em si mesma, mas na dádiva gratuita de Deus. É, por isso, analogicamente, filha de Deus. É claro que não o é do mesmo modo que o Filho eterno, mas por analogia e como participação na sua filiação. E o filho é amado pelo pai, amando-o. Esse é o único modo autêntico de relação entre Deus e a sua criatura, sobretudo entre Deus e os humanos. Em Jesus Cristo, o Filho eterno de Deus assume mesmo a condição humana e, desse modo, coloca-se "do lado" da criatura, mostrando-lhe o que é ser verdadeiramente Filho. Por isso, em Jesus Cristo, todo ser humano – e, com ele, toda criatura – passa a ser filho de Deus, por adoção, no verdadeiro Filho do Pai.

Ora, esse modo de relação amorosa de diferentes, que se realiza de modo perfeito e primordial na Trindade, como relação (Espírito) entre Pai e Filho, é o modelo da verdadeira relação inter-humana, a qual constitui a verdade de todo ser humano e é condição da sua salvação. Por isso, todos nascemos filhos – de Deus e dos nossos pais – e todos nascemos para ser pais, isto é, para darmos a vida e para gerarmos outros humanos ou algo noutros humanos. Sempre que somos férteis – sempre que originamos algo, seja o que for e como for – para bem dos outros, para lhes dar vida, estamos a realizar essa paternidade (e maternidade). A perdição dos humanos resulta da sua não aceitação da condição filial – por orgulho de autoprodução de si mesmos – e da recusa da condição paternal – por fixação na pura autorrealização de si mesmos.

Assim sendo, o modo relacional que habita internamente a própria Trindade – o nosso Deus-amor – é a verdade da relação de Deus com o mundo e do mundo com Deus, assim como a verdade da relação de nós ao mundo e aos outros humanos. E essa relação é a relação de amor, em que se relacionam os diferentes, como pessoas únicas, que assumem e vivem a sua unicidade como uma realidade que é dada por outros e que é dada para se dar a outros. A Trindade não é, pois, uma ideia abstrata ou uma especulação teológica, mas a raiz da nossa existência verdadeira e o caminho da salvação dos humanos, já nesta vida.

Mesmo que todos estes elementos não tenham estado explicitamente presentes na experiência contemplativa dos três videntes, eles se incluem no modo simples e sintético como eles exprimiram aquilo que viram e ouviram, e no modo como depois o passaram à prática cotidiana, nomeadamente na oração. O acontecimento de Fátima, enquanto dinamismo do santuário ao longo dos passados cem anos, encarregou-se de desdobrar e desenvolver o significado teológico e espiritual das sintéticas fórmulas iniciais, de tal modo que podemos considerar o santuário de Fátima como um santuário não apenas mariano, mas também eucarístico (representado na capela da adoração permanente) e trinitário (representado na nova basílica). Esse pode ser considerado o seu núcleo duro, que molda a experiência de quem está dentro.

Essa experiência é, sem dúvida, muito próxima do que poderia ser denominada experiência mística. E essa terá sido, em traços gerais, a experiência inicial dos três pastorinhos.

Independentemente do debate sobre a possibilidade de uma criança ser sujeito de uma experiência mística, podemos afirmar, de modo muito genérico, que aquilo que Lúcia, Jacinta e Francisco viveram em Fátima foi da ordem da mística, uma vez que os colocou numa relação especial – uma relação integral, que envolve inteligência, afetividade e mesmo corporeidade – com o fundamento da existência, tal como manifesto em acontecimentos especialmente significativos. Como veremos mais adiante, essa dimensão mística da sua experiência não os isolou do mundo, impelindo-os pelo contrário ao anúncio (ainda que inicialmente isso não lhes fosse claro). Ou seja, dimensão mística e dimensão profética andam estreitamente ligadas no acontecimento de Fátima, como acontece, aliás, com todas as versões equilibradas da mística e do profetismo.

Ao falarmos em experiência mística, levanta-se a difícil questão da *realidade* das aparições. Trata-se de algo que tenha acontecido objetivamente ou apenas de elaborações subjetivas dos três videntes? Não vamos entrar numa discussão de pormenor, nomeadamente sobre a possibilidade ou não de alucinações coletivas (já que não se trata apenas de um vidente). A questão talvez seja mais fundamental: no âmbito da experiência religiosa ou mística, porque se refere ao sentido originário da existência, não nos encontraremos para além da distinção entre objetividade e subjetividade? De fato, essa distinção é utilizada para a análise da nossa experiência cotidiana do mundo.

E é certo que mesmo aí, como tem deixado claro muitas teorias e filosofias, a contraposição entre sujeito e objeto é um pouco artificial.

Numa experiência mística – ou na experiência da dimensão mística de tudo o que existe, que é a dimensão da sua origem – aquilo que é experimentado é mais fundamental do que qualquer objeto da realidade exterior, porque é precisamente o fundamento dessa realidade exterior e também da realidade interior do sujeito que o experimenta. Nesse sentido, a elaboração interior – a visão – é tão ou mais importante do que a pretensa realidade exterior – o que se vê. Porque aquilo que se deixa ver, antes de tudo, manifesta-se no interior de quem vê e só aí pode ser verdadeiramente visto.

Desse modo, parece ser um exercício inútil e estéril discutir o estatuto da realidade do que apareceu nas aparições. O que, de fato, se manifestou aos três pastorinhos – e, por eles, à humanidade – foi Deus como sentido para todos, em mediações humanas suas, sobretudo na mediação evidente que foi e é Maria. Que a visão dos pastorinhos possa ter sido – ou não – um fenômeno psíquico, não invalida que tenha sido uma manifestação não produzida simplesmente pelo psiquismo de cada um deles. Por outro lado, a clara sintonia das manifestações e do seu conteúdo com o conteúdo do Evangelho e da Tradição da Igreja é um sinal forte de que não se trata de meras invenções subjetivas, mas de uma ressonância pessoal a algo que é anterior e exterior a cada um dos videntes. É o que se pode constatar, por exemplo, na compreensão de Deus como misericórdia para com os pobres. Não se trata, de modo nenhum, de uma invenção dos três pastorinhos, nem do clero da época, nem sequer de todo o povo que numerosamente afluiu a Fátima. Trata-se de algo que está no centro da revelação evangélica e cujo significado analisaremos de seguida.

A misericórdia de Deus para os pobres

Na descrição de uma visão em Tuy, Espanha, a 13 de junho de 1929, Lúcia refere o seguinte: "Sob o braço esquerdo, umas letras grandes, como se fossem de água cristalina que corressem para cima do altar, formavam estas palavras: 'Graça e Misericórdia'. Compreendi que me era mostrado o mistério da Santíssima Trindade".[3] Mas já o Anjo, na segunda aparição, que aconteceu no verão de 1916, teria dito: "Os Corações de Jesus e Maria têm sobre vós desígnios de misericórdia" (*Memórias* IV, 61-62). A mensagem inicial de Fátima situa-se entre a lamentação pelo estado do mundo, marcado pelo pecado e pela guerra, e, sobretudo, a promessa da ação misericordiosa de Deus em favor da história humana, que não está por isso irremediavelmente perdida.

---

[3] Descrição da Irmã Lúcia ao Pe. José Bernardo Gonçalves, seu confessor, em *Memórias da Irmã Lúcia I*. 14. ed. Fátima: Secretariado dos Pastorinhos, 2010, p. 195-196.

Mais precisamente porque se trata da misericórdia de Deus, da sua ação gratuita em favor dos humanos, independentemente dos seus méritos, ela é dirigida aos simples, aos pequeninos, aos pobres – isto é, àqueles que reconhecem nada merecer. Nesse sentido, a experiência da misericórdia, tal como vivida pelos simples – e não pelos poderosos que vivem do orgulho daquilo que podem – pode ser considerada a experiência mais fundamental do peregrino de Fátima, há cem anos como hoje. A profundidade dessa experiência deve ser percebida, muitas vezes, na aparência de certo "negócio" religioso, numa espécie de pretensão de "comprar" os favores de Deus. Mas, caso esse negócio chegue a marcar a experiência do peregrino, isso constitui sem dúvida uma perversão da genuína experiência de Fátima, que gira em torno da Graça, como dádiva gratuita e imerecida de Deus, sobretudo no perdão – o que, aliás, se torna visível no número elevado de confissões que sucedem diariamente no santuário. Vejamos o que pode significar a ação misericordiosa de Deus em favor dos humanos.

A ação humana má ou incorreta, seja como desrespeito das regras de justiça de determinada sociedade, seja sobretudo como desrespeito da justiça fundamental que a todos obriga e que vai além das regras sociais, tem caraterísticas muito próprias. Por um lado, nada nem ninguém a pode eliminar, tendo em conta que não pode inverter-se o tempo e anular o que aconteceu. Em rigor, o resultado de uma ação má (sobre o agente e sobre os padecentes), mesmo que torne o agente merecedor de uma pena, não pode ser anulado totalmente pelo mérito do cumprimento dessa pena ou de qualquer expiação, por mais que os seus efeitos possam ser (parcial ou totalmente) corrigidos. Em certo sentido – e em alguns casos isso é mais evidente do que noutros –, qualquer ação perversa de um ser humano é revelação do abismal problema do mal moral, presente no mundo e no coração dos humanos. E esse problema é de tal modo incompreensível e insolúvel que nenhum esquema de justiça, meramente assente no mérito, na distribuição e na retribuição, pode resolver. Dito de outro modo, nenhuma ação humana pode merecer que seja eliminada a culpa pelo mal realizado.

É o que acontece, sobretudo, com aquilo a que chamamos pecado, pelo fato de que ele mata o ser humano na sua dignidade. Tudo o que o pecador faça, não merece a anulação do seu pecado. Ao pecar, os humanos dão corpo ao mal, que é sempre excessivo em relação a qualquer esquema imanente de compreensão, de explicação e sobretudo de compensação. O problema do mal está, por isso, para além da mera contraposição legal entre justiça e injustiça. Toca em algo cuja razão e cujo esquema de funcionamento nos escapa e que, por isso, não podemos resolver no puro esquema do mérito daquilo que fazemos ou deixamos de fazer.

Qual a nossa situação, então, perante o mal, sobretudo se realizado por nós próprios e sobretudo se assumir a dimensão do pecado – o qual, por envolver Deus, torna tudo ainda mais grave e excessivo? A pretensão de conseguirmos solucionar o problema – e assim *nos* justificarmos – com o recurso ao mérito da nossa atuação acaba por ser uma falsa pretensão, pois iludimo-nos com a nossa capacidade de desfazer algo que não pode ser desfeito. Para além disso, a história da humanidade prova à saciedade quão incapazes temos sido na solução prática do problema do mal, simplesmente através das nossas forças e do nosso mérito.

Um humano realista, que tem consciência clara e equilibrada da sua culpa, mas também de que não pode superar essa culpa com o mérito do que possa fazer, parece condenado ao desespero, isto é, à resignação ao fato de não poder superar a sua culpa, não se justificando mais a sua existência – a qual assim seria sempre uma existência injusta, ou um uso injusto de pretensos direitos, a que em realidade não tem direito.

Parece não haver saída para a situação, portanto. A não ser que a superação da culpa não seja conquistada pelo mérito justo, mas seja oferecida, para além do justo equilíbrio, através de um excesso. A isso chamamos *perdão*. Perdoar é exceder a justiça do merecido e conceder vida e justificação da vida, para além e independentemente do merecido. Por isso mesmo é que é, normalmente, mais difícil aceitar o perdão do que dar o perdão. Porque o acolhimento do perdão implica a capacidade de acolher o ser e a vida para além do mérito próprio. Não se trata, pois, de uma relação justa; mas também não é injusta, pois está muito além da diferença entre justiça e injustiça, no sentido distributivo. Assim é a relação de amor, a que chamamos misericórdia.

Podemos considerar o processo de redenção, realizado por Deus em nós, como processo de justificação. E não se trata apenas da justificação do pecador, tendo em conta o impacto destruidor do seu pecado. Rigorosamente, a justificação inicia-se com o próprio fato de cada humano ser quem é. Em realidade, cada humano é sem justificação identificável no interior imanente das relações mundanas. Nada justifica que um humano seja – nada justifica que nada seja, em realidade. A essa "justificação" injustificada do ser de cada um podemos chamar o princípio da criação, que se pode definir como dádiva gratuita, isto é, para além de qualquer necessidade que a justifique. Assim, antes de tudo, a nossa justificação, na medida em que somos, conduz-nos a uma não justificação, por isso a um ato de amor, que nos dá gratuitamente. Que esse ato de amor criador (de Deus) encontre a sua precisa mediação no ato de amor entre os humanos (homem e mulher), que geram um novo ser sem necessidade, de nada, e só confirma a gratuidade da nossa justificação inicial. A nossa existência justifica-se, inicialmente, porque alguém nos quer, independentemente do nosso mérito ou de qualquer necessidade "natural". Por isso é que a procriação é muito mais do que a resposta a uma necessidade natural do gênero humano.

A justificação do pecador, enquanto novo nascimento, após a morte introduzida pelo pecado – e a justificação escatológica do humano, após e para além da sua morte biológica – é, pois, uma justificação baseada na dádiva gratuita, na relação do amor, que não é necessária, nem apenas justa. Mas essa é precisamente a medida da justiça de Deus. Por isso, ao falarmos do mistério da misericórdia gratuita de Deus, já estamos falando da sua justiça, e vice-versa. Trata-se de dois nomes para a mesma coisa, pelo menos em Deus, tendo em conta a desmesura da sua medida.

Na Escritura hebraica, o termo que foi traduzido por misericórdia refere-se a um afeto visceral dos humanos, representado sobretudo na relação da mãe com o seu filho, nomeadamente durante o período de gravidez. Se utilizarmos a metáfora da maternidade – e da relação visceral intrauterina, prolongada na dádiva gratuita da vida da mãe ao filho, sem condições – para falar da misericórdia de Deus, poderíamos dizer que a justiça/misericórdia de Deus é maternal. Tratar-se-ia do rosto da sua "maternidade" – que não coincide com Maria, embora seja por esta mediado, mas também por todas as mães humanas, na medida em que correspondem a esta vocação originária. Deus (e não apenas Maria) é maternalmente justo, como a mãe é justa para com o seu filho. Ou, então, a mãe é maternalmente justa, como Deus é justo para com os humanos. É claro que, como todas as metáforas, esta também apresenta os seus limites. Primeiro, porque nem todas as mães reais corresponderão a essa modalidade misericordiosa da justiça; depois, porque felizmente essa modalidade não se encarna apenas na relação maternal. Em rigor, terá que marcar também a relação paternal – e é assim que nos aparece descrita várias vezes no Evangelho, sobretudo na fundamental parábola do filho pródigo; e, como é óbvio, ela define a relação de fraternidade – que não coincide com a relação de parceria contratual, mas a supera de longe, pois obedece a outro princípio. Em última instância, nela se encontra o modelo da relação inter-humana que salva – precisamente porque é a única relação que pode justificar-nos, para além de qualquer autojustificação.

Ora, se a atitude de misericórdia é aquela que define, por excelência, a maternidade e a paternidade – muito além da pura relação biológica, determinada por uma necessidade natural –, então a filiação é aquilo que define o receptor da misericórdia. A humildade do filho, que se assume como uma criança que tudo acolhe da dádiva paternal e maternal, em plena confiança e sem que isso elimine a sua autonomia e a sua liberdade, é o modo como o humano corresponde à dádiva misericordiosa de Deus.

Esse poderia ser o mais profundo modo de descrever a pobreza evangélica, que é outro nome para a humildade da verdade, para a qualificação da verdadeira condição humana. O acolhimento livre e desinteressado de uma dádiva absolutamente gratuita – como é, por exemplo, a dádiva do perdão – é sem dúvida o mais profundo ato de humildade de um humano. E só um humano verdadeiramente pobre é capaz desse ato. A misericórdia de Deus, que é o rosto do seu amor, simbolizado no seu Coração e mediado no Coração de Maria, é o modo primordial da sua relação com os humanos. E a resposta a essa misericórdia, na pobreza do acolhimento daquilo que nos é dado sem ser merecido, é o modo primordial da relação dos humanos com Deus – como foi o caso de Maria e como ela convoca todos os humanos a ser. Por isso, a misericórdia de Deus só pode ser acolhida pelos pobres.

E as crianças são os pobres por excelência, pelo menos neste sentido essencial. Nelas se revela um dos núcleos do próprio Evangelho: "Se não vos tornardes como crianças, não entrareis no Reino dos Céus" (Mt 18,3); "Eu te bendigo, ó Pai, porque revelaste estas coisas aos pequeninos e as escondeste aos grandes e poderosos" (Mt 11,25). Há uma relação estreita entre a infância evangélica – que não é infantilismo – e a pobreza evangélica – que não é necessariamente miséria. Ambas significam a capacidade de acolher, em confiança e simplicidade, aquilo que é dado sem ser merecido. E o essencial da existência só pode ser dado sem ser merecido, pois não pode ser conquistado nem produzido.

Não é inocente, por isso, o fato de o acontecimento de Fátima se basear em três crianças, escolhidas por Deus como destinatárias humanas de uma mensagem, de uma interpelação, em representação de toda a humanidade. Talvez porque é aí que a humanidade está mais bem representada. Como foi assim que ela esteve e continua representada em Maria. Ela foi e é o protótipo do acolhimento do que é dado sem ser merecido, de forma simples e sem pretensões. E Maria, a medidora na simplicidade, a pobre de Israel por excelência, dirige-se aos mais pobres entre os pobres: às três crianças simples, sem grande formação, sem grandes posses, ignoradas e esquecidas numa povoação esquecida na serra. É deveras significativo este acontecimento, só por ser como é. E é revelador de quais são os caminhos de Deus com a humanidade.

Fátima continua a ser dos pobres e para os pobres e os simples. É certo que as coisas se alteraram muito ao longo de cem anos. Como se alterou toda a sociedade, seja em Portugal, seja em nível global. Mas isso não invalida que Fátima seja o lugar da simplicidade, mesmo para aqueles que têm posses. Quem não se tornar simples como os pastorinhos, não passa de mero espectador, permanecendo fora do santuário, mesmo que esteja dentro das basílicas. Porque para entrar verdadeiramente é preciso ser pobre e estar aberto à misericórdia de Deus que dá – dá apenas, de graça, e não vende.

Podemos pensar, à primeira vista, que Fátima se tornou um lugar de negócio, devido, por um lado, a todo o comércio que se amontoou na cidade, também à indústria hoteleira e turística, embora exterior ao santuário; e devido, mais fortemente ainda, ao hábito do pagamento de promessas, muito difundido entre os peregrinos. Quanto ao primeiro aspecto, é inegável. E, de fato, poderia ser visto como a mais visível contradição com a dimensão gratuita da misericórdia, como coração do acontecimento de Fátima. É claro que todo esse negócio é alheio à responsabilidade direta do santuário e não é diretamente promovido por este. Nesse sentido, há uma espécie de ruptura entre o santuário propriamente dito e aquilo que o rodeia. Mas, por outro lado, é normalmente inevitável que esse processo aconteça. Ele é também manifestação do movimento popular ligado a Fátima. E tem a vantagem de contribuir para o sustento de muitas famílias, em geral de origem humilde. Pertence, pois, aos inevitáveis mecanismos de permuta econômica, que sucederam a uma originária economia do dom, mas que não precisam substituí-la completamente. Também nesse sentido, a diferença entre a dimensão do santuário e o que não é santuário é assim realçada. A conversão implicada na passagem do umbral de entrada é por isso ainda mais significativa, mesmo no próprio local. E para um visitante habitual de Fátima, esse aparato torna-se relativamente marginal, a não ser em casos especiais em que assuma proporções desmesuradas, mas que não são frequentes.

O segundo aspecto – o das promessas – é mais complexo. Tratar-se-á, de fato, de puro negócio? Será o cumprimento de uma promessa mero pagamento por um favor concedido por Deus? Em rigor, para anular o mecanismo da gratuidade e da misericórdia, o favor – ou a dádiva, o dom, a graça – concedido por Deus teria que considerar-se merecido. Ora! O que pretende o cumprimento de uma promessa não é ganhar direto ao que foi dado, tornando-o merecido, pois nesse caso teria que acontecer antes da dádiva. A promessa segue-se à dádiva, que foi pedida noutras condições. E as condições da súplica são, sem dúvida, situações-limite. Nessas situações, cada um sente a sua incapacidade e a própria incapacidade humana para solucionar o problema. A súplica a Deus – por mediação de Maria – é a súplica a uma dimensão que pode dar aquilo que nós não podemos fazer nem dar a nós mesmos. Nesse sentido, implica o reconhecimento de uma incapacidade e, ao mesmo tempo, da ausência de mérito. Quando se promete algo, se a graça for concedida, não é certamente para "aliciar" ou "obrigar" Deus. Quem pensaria tal coisa? Trata-se, antes, de se comprometer na gratidão. E só se agradece o que de graça se recebe. Por isso, o cumprimento da promessa pode ser interpretado como atitude de gratidão da parte de quem reconhece que lhe foi dado algo imerecido, por puro dom gratuito. Essa é a dimensão da misericórdia – e, da parte dos humanos, da pobreza de quem aceita receber sem merecer.

É claro que se podem discutir teologicamente as concepções de Deus e da sua relação ao mundo que estão subjacentes à ideia de que, em função dos pedidos, Deus concede ou não "coisas" aos humanos, de modo direto. Mas temos que admitir que esse modo antropomórfico de concepção da ação de Deus na história de cada um e na história coletiva corresponde à experiência religiosa de muita gente. O conteúdo de Fátima ajuda, através do aprofundamento da experiência espiritual, à purificação dessa leitura egoísta e mecanicista da intervenção de Deus no mundo, mas a realidade é mais complexa do que as ortodoxias possam pretender.

Como vimos até aqui, ao entrarmos no santuário, para além de sermos convocados à contemplação, somos inevitavelmente confrontados com um conjunto de assuntos exigentes, como a questão do interesse ou da gratuidade; do egoísmo ou da abertura aos outros e à solidariedade; da concepção mágica de Deus, que intervém diretamente no mundo ou de uma experiência de Deus baseada nas suas mediações humanas. As experiências envolvidas nessas questões colocam-nos, de novo, no umbral do santuário com o mundo, convidando-nos, agora, não a entrar no santuário – depois de ter saído de casa –, mas sim a sair do santuário, não para regressar à casa, como Ulisses, mas para ir pelo mundo afora com uma missão, como Abraão.

3. Para o mundo

Mesmo que Lúcia, no início, pretendesse manter a experiência dos pastorinhos em segredo, isso não foi possível. E não simplesmente porque a inocência e o temperamento de Jacinta não o permitiram. Na realidade, essa mensagem não era para ser mantida em segredo – independentemente da questão dos "segredos de Fátima", cuja importância é desvalorizada pela própria Lúcia: "Se vivessem o mais importante, que já está dito!... Só se ocupam do que está por dizer, em vez de cumprirem o que foi pedido, oração e penitência!...".[1] Aquilo que Maria pediu às três crianças não foi simplesmente que fizessem determinadas coisas, para "irem para o céu". Tratava-se da situação do mundo de então, entre os desafios lançados por uma modernidade às voltas com o problema da "morte de Deus" e os conflitos que decorriam ou que se previam; e tratava-se de um alerta profético dirigido a toda a humanidade, através de três crianças pobres e simples, que deveria chegar ao seu destino, ou seja, precisamente a todos.

Nesse sentido, o coração de Fátima não está apenas em Fátima, fechado sobre si mesmo, no conforto da

---

[1] Maria Celina de Jesus Crucificado, *Irmã Lúcia, a memória que dela temos*, Coimbra 2005, p. 24.

contemplação proporcionada pela experiência do santuário. Ele é um coração aberto ao mundo, assim como é o Coração de Maria. E, por isso, o peregrino deve abandonar o calor do santuário e procurar a proximidade com o divino na pragmática cotidiana, numa intervenção para a mudança, precisamente para a conversão. Vamos, pois, abandonar o santuário, sem abandonar o que ele significa. Nesta última parte acompanharemos o peregrino de Fátima na sua relação com a sociedade em que vive todos os dias. É claro que se trata de um peregrino convertido, cuja relação social será sempre marcada pela experiência do santuário. Mas é um peregrino cuja peregrinação continua noutro contexto.

Dos conteúdos recebidos no santuário – precisamente a partir do núcleo da mensagem de Fátima –, escolherei três, para à sua volta tecer algumas considerações sobre a sua orientação para o mundo, sem acepções: a relação entre sofrimento e salvação; o significado político e profético da espiritualidade de Fátima; a relação de Fátima com a arte contemporânea.

Sacrifício: o sofrimento como compaixão

O tema do sacrifício é sem dúvida fundamental na espiritualidade de Fátima, seja já no conteúdo das manifestações originárias, seja em toda a história posterior, sobretudo na prática mortificadora dos peregrinos. É claro que se trata de um tópico deveras ambíguo, que tem sido muito debatido, mesmo em contexto teológico. Não pretendo entrar aqui nessa discussão, mas, de forma breve e despretensiosa, tecer algumas considerações sobre um possível enquadramento de uma espiritualidade do sacrifício na experiência de Fátima

O conceito de sacrifício é aqui compreendido, antes de mais nada, a partir da categoria da *doação*. Embora a linguagem utilizada no contexto das manifestações iniciais esteja relativamente próxima de uma noção de sacrifício como expiação violenta, o enquadramento mais profundo do que é solicitado possui uma orientação mais para a realidade da entrega gratuita a Deus, na entrega aos outros. Assim, podemos interpretar a dimensão sacrificial da espiritualidade de Fátima como dádiva livre de si mesmo, aos outros e, desse modo e no mesmo movimento, como dádiva de si mesmo a Deus. Nesse sentido, estamos perante uma espécie de imolação de si, o que implica sempre também a imolação da culpa própria, como pecado. Mas, como consequência da imolação da culpa, a imolação de si é acolhimento de vida, enquanto acolhimento de perdão (para si e para os outros) e, no mesmo sentido, doação da vida e doação de vida aos outros, imolação de si por todos e pela sua culpa, de forma absolutamente livre e gratuita.

A economia do dom gratuito, que é a economia do sacrifício da cruz e também do sacrifício segundo a espiritualidade de Fátima, situa-se assim para além da economia da troca ou da mera retribuição, como vimos já a propósito do conceito de misericórdia. Por isso, esse dom sacrificial não pode ser compreendido no horizonte do esquema do sacrifício estritamente expiatório, como pagamento, muito menos segundo o modelo do "bode expiatório", como rito violento instaurador da paz. Este, de fato, não atinge a dimensão da dádiva gratuita e, por isso, nem sequer atinge a dimensão da liberdade, pois parece obedecer a um esquema de necessidade prévia, quer natural, quer social.

Mas a economia do dom gratuito, segundo o modelo de Cristo Crucificado – que é sem dúvida o modelo de Fátima –, situa-se sobretudo para além de uma economia da afirmação individualista e da fruição hedonista, características que parecem determinar a cultura contemporânea. Viver em constante atitude de entrega livre e total de si mesmo pelos outros e aos outros é, precisamente, o oposto da experiência individualizante e fruidora da realidade. É essa a atitude do sacrifício como doação de si. Porque a identidade de cada sujeito, na sua liberdade, não se constrói na afirmação de si, mas precisamente a partir do outro, no contínuo processo de entrega ou sacrifício de si. Na medida em que se dá a vida, recebe-se a verdadeira vida, constituinte da mais autêntica identidade dos humanos. Por isso, a atitude de sacrifício não contradiz a humanidade, matando-a, mas afirma-a, dando-lhe vida – a vida que se recebe quando se dá.

Neste processo de doação de si mesmo, tocamos numa outra dimensão do sacrifício que, no acontecimento de Fátima, está por assim dizer onipresente: o sacrifício como *substituição*, colocando-se no lugar do outro sofredor, mesmo até do outro pecador. Essa doação profunda em favor dos outros, sofrendo com o seu sofrimento (em atitude de compaixão), possibilita por assim dizer uma substituição do outro sofredor, no abismo do seu sofrimento inexplicável. Assim se instaura a mais profunda forma de solidariedade com todos, sobretudo com todos os outros sofredores. É essa a grande tradição da piedade, enquanto paixão sensível à paixão dos outros, como veremos mais adiante. Nessa piedade manifesta-se e realiza-se a substituição dos outros, na responsabilidade pelos outros, cuja manifestação máxima será o sentimento, dentro de si mesmo, da dor e da fragilidade do outro.

Essa forma de solidariedade inter-humana é, ao mesmo tempo, a forma que melhor corresponde ao próprio Deus, como amor. Nesse sentido, e como forma sacramental da entrega de Deus, no seu amor pelos humanos, podemos dizer que, na cruz, Deus substitui o ser humano, para que este, na sua própria existência sacrificial, substitua Deus e assim, na substituição dos outros, seja o próprio Deus que se entrega na nossa entrega, e simultaneamente seja toda a humanidade, em nós e por nós, em Cristo, a entregar-se ao Pai – correspondendo assim positivamente à incisiva pergunta colocada aos pastorinhos: "Quereis entregar-vos a Deus?". Trata-se de uma constante e mútua substituição no sofrimento, contra todo o sofrimento, a caminho e na esperança da total superação do mesmo, como dádiva gratuita de Deus, articulada na dádiva gratuita de uns aos outros, portanto, no sacrifício.

Ao mesmo tempo e como consequência desse processo de salvação, a capacidade de sacrifício assume, na sociedade atual, a fisionomia de crítica cultural, já que se vive num contexto tendencialmente apático, insensível ao sofrimento do outro. Nesse sentido, poder-se-ia falar em forte pertinência sociopolítica do sacrifício e, por extensão, do acontecimento de Fátima. De fato, numa situação de típica crise cultural, são mais que evidentes os sinais de fuga do sofrimento, sobretudo através do encobrimento permanente do sofrimento dos outros, nomeadamente do sofrimento das vítimas inocentes e dos ignorados ou silenciados pela cultura da abundância. Seja através do desenvolvimento de uma explícita cultura do analgésico ou do narcótico, seja por todas as formas sutis e encobertas de anestesia, como no caso da cultura midiática do espetáculo ou da satisfação no permanente ciclo do consumo, seja pelo próprio encobrimento da morte, que relegamos para um lugar culturalmente marginal, ou transformamos em puro espetáculo inofensivo – em todos estes casos podemos falar, talvez, de uma tendência generalizada para o desaparecimento da capacidade de sofrer, sobretudo da capacidade de ser sensível ao sofrimento dos outros.

Nessa situação, Fátima apresenta uma configuração da fé cristã alternativa, em que a *simpatia*, enquanto capacidade de sofrer com o sofrimento do outro, é o núcleo da própria humanização e caminho de salvação. Nesse percurso, o valor do sofrimento não é afirmado por si mesmo – o que seria masoquismo –, mas em função da luta contra esse mesmo sofrimento, enquanto solidariedade pessoal. A sua forma de conceber a substituição dos outros, como processo sacrificial que salva, é segundo o sofrimento com e pelos outros, contra todo sofrimento.

Por isso, o dom de si, no sacrifício que faz sofrer, é ao mesmo tempo a inauguração da terceira dimensão do sacrifício: a *libertação* do sofrimento e da morte, realizada em nós por Deus. O perdão, tal como nos é oferecido por Deus no Crucificado e na nossa participação nele, constitui a manifestação máxima da dádiva de vida, por ser dádiva da vida: sacrifício. Nele é superada a morte, na sua dimensão eterna, como consequência da culpa humana; nele é justificada toda a existência humana e toda a realidade.

Pelo sofrimento, como livre doação de si em solidariedade com as vítimas do sofrimento absurdo, é denunciada a própria absurdidade do sofrimento e inaugurado um sentido diferente: o do sofrimento contra o sofrimento. Essa inauguração implica, pois, uma correspondente práxis cristã de luta pela libertação do sofrimento. É na ligação dessas duas atitudes, que se encontram cruzadas no Crucificado, que se evita uma relação ao sofrimento como destino a aceitar; mas evita-se também uma relação meramente horizontal, a que corresponderia a ilusória pretensão de vencê-lo totalmente, apenas pela intervenção humana e revolucionária nas relações sociais. Estabelece-se assim uma relação inevitável entre poética e pragmática, numa espiritualidade da ação com fundamento teológico. Porque no sofrimento como sacrifício – como livre doação de si mesmo – abre-se o caminho do acolhimento do perdão como possibilidade de futuro do humano, para além da absurdidade de todo o sofrimento inútil. Esse caminho não passa ao lado do sofrimento, ignorando-o, mas absorve-o em si mesmo, esperando a sua superação a partir de dentro. O ritual do sacrifício, que no cotidiano de Fátima está ainda hoje muito presente, pode ser compreendido, assim, como uma das mais libertadoras formas de tornar eficaz entre os humanos a luta que, conosco e para nós, Deus trava contra o sofrimento que ainda acompanha absurdamente a sua Criação.

A noção de sacrifício, assim entendida, conduz-nos a uma interpretação do sofrimento intimamente ligada à noção de *compaixão*, como única atitude sacrificial que pode abrir caminhos libertadores. E o tópico da compaixão é muito forte na espiritualidade de Fátima, já desde a experiência dos três pastorinhos, sobretudo de Jacinta.

A compaixão é, sem dúvida, um elemento fundamental da identidade cristã, como missão permanente e sentido de vida de cada cristão. Compaixão que, sendo um modo de paixão ou atitude passional, é uma paixão no encontro com o outro, sobretudo com o outro em configurações muito especiais, normalmente desmotivadoras precisamente desse encontro.

Antes de mais nada, convém não perder de vista que toda a paixão é, basicamente, da ordem do *sentimento*. É um modo como nos sentimos, na medida em que sentimos algo em nós e na medida em que sentimos a nós mesmos, enquanto seres cuja identidade está marcada por determinados estados passionais. Como tal, falamos aqui de um modo de estar na realidade e de um modo de viver que não se reduz ao saber, no sentido da construção dita racional, científica ou lógica. Pelo sentimento, sentimos o que somos e o que devemos ser, na medida em que sentimos algo em nós, mesmo antes e por vezes independentemente do saber reflexivo que possamos desenvolver sobre esse mesmo sentir. O que não quer dizer que esse sentir seja irracional. Corresponde-lhe uma inteligência muito própria da realidade, que hoje se denomina frequentemente "inteligência emocional". E o fato é que uma dimensão importante da nossa própria verdade, quanto ao sentido mais profundo daquilo que somos, só é acessível a essa inteligência que sente, que compreende o sentido, precisamente na medida em que simplesmente o sente – que é, portanto, um sentido precisamente sentido, porque dado pelos sentidos e não simplesmente deduzido ou demonstrado.

No nosso contexto, seria importante recordar que são sobretudo as crianças as mais dotadas dessa inteligência emocional, uma vez que, espontaneamente, sentem a verdade do que são, na medida em que sentem a si mesmas no interior dessa verdade, mesmo antes de qualquer exercício explicitamente reflexivo e crítico. Por isso, o encontro com o outro, na paixão, será mais provável e "natural" nas crianças – ou naqueles que se tornarem como crianças.

Na mesma ordem de ideias, a paixão, enquanto sentimento, é um *afeto*. Será mesmo a definição do próprio afeto ou da afetividade. De fato, a experiência de um afeto já é sempre resultado de se ser afetado por algo ou alguém distinto de nós. Trata-se, pois, de uma atividade passiva, por assim dizer. Não somos nós que produzimos os afetos, mas eles nos são produzidos pelo mundo exterior, pelos acontecimentos da nossa existência e, sobretudo, pela relação dos outros humanos conosco. Nós apenas podemos impedir ou, pelo menos, resistir a esses afetos – ou, então, acolhê-los positivamente.

Ora, a nossa identidade é essencialmente construída com base nos afetos, ou seja, com base naquilo que recebemos a partir do mundo e dos outros. Sendo assim, o afeto é a base do nosso ser. Por ele, conseguimos a percepção de nós mesmos, um sentimento de nós, sentindo-nos aquilo que somos ou que vamos sendo ao longo da vida. O afeto é a base sobre a qual podemos, posteriormente, construir uma reflexão ou até adquirir autoconsciência reflexiva de nós mesmos. Mas essa autoconsciência reflexiva pressupõe, antes de tudo, um "sentimento de si" que nos torna presentes a nós mesmos, em cada momento da nossa existência. E esse "sentimento de si" é, para o ser humano, um sentimento feito de afetações ou afetos vindos de outros e que, na sua permanência, poderemos denominar paixões.

Isso implica que, sendo o afeto o modo como somos e nos tornamos naquilo que somos, esse afeto seja, sempre, o lugar do outro em nós, o modo como o outro me diz respeito e, ao mesmo tempo, entra na constituição do meu ser, irrompendo em mim mesmo. Pelo afeto, não podemos ser sem o outro. Pelo afeto e pela paixão, nos seus diversos rostos, sentimo-nos como seres a partir do outro e como seres para o outro. É esse, no fundo, o dinamismo do nosso desejo, que é o motor de toda a existência.

Ainda no contexto da consideração da paixão como afeto ou marca da afetividade permanente do sujeito – que por isso mais depressa se pode considerar sujeito *à* realidade do que sujeito *da* realidade –, convém recordar, por último, que a paixão equivale a *sofrimento*. Já no sentido etimológico, é esse o seu significado básico. Mas também em certo uso cotidiano do conceito, sobretudo em contexto cristão, é clara a leitura da paixão como sofrimento.

Esse sofrimento pode ser considerado em sentido relativamente neutro – sofremos na medida em que nos acontece algo (como sofrer um acidente, em vez de provocar um acidente, por exemplo). E pode ser considerado no sentido mais habitual do termo, isto é, como sentimento relativo a algo que sentimos e que, ao mesmo tempo, sentimos que não devia acontecer, mas nos acontece e, por isso, nos faz sofrer. É nesse sentido que falamos da Paixão de Cristo, por exemplo; e é nesse sentido que preponderantemente falamos de todas as paixões da história, também da compaixão. Evidentemente que é na estreita relação com esse sentido de paixão como sofrimento que se deve considerar também a noção de paixão como modo de ser afetado pelo outro e, portanto, como forma de amor, até ao caso específico do modo de afetação erótica, o qual não deixa de conjugar a paixão-amor com a paixão-sofrimento.

Em grande parte, a condição humana é definida pelas ambiguidades da paixão, correspondentes, aliás e também em grande parte, ao duplo significado do termo. Ou seja, como humanos sentimo-nos permanentemente vivendo entre o sofrimento e a felicidade, entre o perigo da destruição e as possíveis experiências de plenitude. Ou seja, num outro nível mais existencial-metafísico, vivemos entre a angústia da finitude e certa relação com o infinito. E o modo como sentimos essa dupla relação é, precisamente, o modo passional. Ou ainda, se quisermos situar-nos já a um nível propriamente teológico, vivemos entre a dimensão e a experiência do pecado e a dimensão e experiência de salvação, podendo relacionar com a paixão ambas as dimensões.

Mas o certo é que as diversas dimensões da paixão podem não ser consideradas equilibradamente e, nesse sentido, provocar sentimentos parciais. É o que acontece naquelas que são consideradas leituras pessimistas da paixão, que acabam por ser leituras pessimistas da realidade, enquanto tal. Uma das mais conhecidas dessas leituras pessimistas é, precisamente, a de Arthur Schopenhauer, talvez o filósofo que mais frequente e profundamente recorre ao conceito de compaixão.[2] Muito sinteticamente, podemos dizer que Schopenhauer interpreta, em matriz completamente pessimista, a nossa existência como sofrimento – sofrimento no sentido não apenas neutro, mas sobretudo no sentido negativo do termo. Como tal, a paixão que nos habita é uma paixão provocada pela finitude e, ao mesmo tempo, uma paixão condenatória. De fato, definindo o ser humano como vontade e desejo – o que implica o desejo de infinito e de perfeição – a condição humana finita e imperfeita (sobretudo experimentada na morte, no desejo e no

---

[2] Cf. Arthur Schopenhauer, *Die Welt als Wille und Vorstellung*, 1819; para uma aplicação explícita à realidade da compaixão, ver: J.-C. Mèlich, *Ética de la compasión*, Barcelona: Herder, 2010, esp. p. 197ss.

aborrecimento) provoca inevitavelmente sofrimento. Este, em última instância, é provocado pelo próprio desejo – ou melhor, pelo desencontro entre o desejo e as possibilidades limitadas, ou até a impossibilidade de realização.

A compaixão não passaria, neste contexto, do sentimento humano de pertença a essa mesma condição comum. Enquanto tal, serve de consolo ao sofredor, pois evita o sentimento de solidão; e serve de resignação ao compassivo, que, ao compadecer-se do que sofre, apenas assume e se conforma com a própria condição de sofredor, comum a todos os outros humanos. Ao mesmo tempo, a dimensão do sofrimento, da paixão e da compaixão torna-se uma espécie de condição metafísica e abstrata, partilhada genericamente por todos, mas que não leva em conta o sofrimento, na situação concreta de cada pessoa particular. O compassivo, em última instância, compadece-se do gênero humano e da sua condição sofredora, não do outro concreto; e, ao compadecer-se do gênero humano em geral, acaba por se compadecer, em concreto, apenas de si mesmo, como membro da humanidade sofredora. Ao mesmo tempo, nessa compaixão, resigna-se ao sofrimento que o determina eternamente, sem possibilidade de salvação.

A questão da salvação – ou não – na paixão é, também, um assunto central na obra de Sigmund Freud.[3] A pulsão passional

---

[3] Cf. Sigmund Freud, *Das Unbehagen in der Kultur*, 1929-1930; ver, a propósito: J.-C. Mèlich, op. cit., p. 206ss.

possui, segundo ele, duas dimensões: a pulsão de morte, destruidora, de que resulta a vontade de eliminação do outro, raiz de toda a violência e, sem dúvida, de todo o sofrimento, incluindo o resultante da culpabilidade que lhe está inerente; e a pulsão criadora, orientada para um infinito de perfeição, que aponta um caminho de salvação. A primeira constitui o *thanatos* (termo grego para "morte") e a segunda constitui o *eros* (termo grego para "desejo"). Freud interpreta o segundo em sentido fundamentalmente positivo. Mas, relativamente à condição humana, é profundamente pessimista, pois considera que, embora possamos manter a esperança de que o *eros* vença o *thanatos*, em realidade essa vitória não é possível ao ser humano, mas apenas a um estado pós-humano, em que a humanidade seja definitivamente superada. Ou seja, o triunfo do *eros* verdadeiro implica a derrota do verdadeiro e realmente humano. Nesse sentido, enquanto humanos, somos impreterivelmente marcados pelo sofrimento resultante do impulso destruidor da morte, segundo o qual vivemos; inclusive, o impulso humano do *eros*, que passa a ser, assim, também destruidor e não criativo. As fontes dessa nossa condenação ao sofrimento serão, segundo o pai da psicanálise, o corpo, o mundo exterior e, sobretudo, a relação inter-humana.

Ora, ante esta situação, só é possível encontrar soluções de compensação, não soluções de raiz, já que a condição de sofrimento e de morte é inevitável. Essas soluções de compensação são, sobretudo, as distrações, as substituições e os narcóticos. Entramos aqui numa outra dimensão dos rostos da paixão. Já não se trata de interpretar a sua ligação com a condição humana, de modo mais positivo ou mais negativo, mas, partindo de uma leitura sempre pessimista, como nos casos emblemáticos apresentados anteriormente, trata-se de encontrar caminhos para lidar com a paixão e os seus efeitos.

Se é certo que já a interpretação negativa da paixão levanta problemas, convém antes de mais nada considerar a dimensão problemática de certos modos de lidar com os seus efeitos negativos, que genericamente denominamos sofrimento. Ora, poderíamos considerar essencialmente dois modos problemáticos de lidar com a dimensão negativa da paixão, enquanto sofrimento: através de um desvio ou fuga, para que vivamos como se o sofrimento não existisse; e através da resignação, que implica a desistência de qualquer superação do sofrimento. Ambos os modos se encontram, em certo sentido, em Schopenhauer, embora este se incline mais para a segunda via. Em Freud predomina a primeira via. Ou seja, pressupondo que o sofrimento resulta da nossa representação do mundo e, no mesmo sentido, do desejo com que nos relacionamos com essa representação, a solução está na alteração desse desejo, que irá ter influência na própria representação. Através de mecanismos compensatórios, passamos a viver num mundo como se o sofrimento não existisse – isto é, não sentindo o sofrimento e, desse modo, não sofrendo. A compaixão torna-se, desse modo, impossível e mesmo indesejável, pois implicaria a permanência da paixão, ou seja, do sofrimento, em nós mesmos. E como o sofrimento dos outros, para nós, não passa de uma representação nossa, a solução mais simples parece ser a eliminação dessa representação. Não sofrendo com o sofrimento dos outros, estaríamos no melhor caminho para não sentir o sofrimento próprio – no caso extremo, estaríamos no caminho para não sentir, em absoluto, pois o sentir, enquanto afeto, através do ser afetado pelo exterior de nós, é que estará na fonte de todo o sofrer. As distrações, as substituições e os narcóticos são modos habituais, mesmo depois de Freud, de viver como se o sofrimento não existisse – são modos de apatia, de ausência de paixão, também de ausência de *com-paixão*. E o "mal-estar" cultural atual poderá não residir tanto na abundância das paixões, mas na abundância de estratégias para liquidar qualquer paixão.

Mas haverá um modo mais simples e direto de lidar com o sofrimento. É o modo da resignação à condição humana, tendo em conta a impossibilidade de contornar e de evitar o sofrimento. Essa resignação pode ir até ao ponto de considerar o sofrimento não apenas como um mal menor, mas como correspondente à autenticidade do humano, enquanto ser para a morte e, por extensão, enquanto ser para o sofrimento. É nesse sentido que poderíamos interpretar a hermenêutica da finitude, da historicidade e mesmo da mortalidade, tal como foi desenvolvida por Martin Heidegger, não sem influência de Schopenhauer e, na mesma ordem de ideias, do próprio Friedrich Nietzsche, o filósofo que procura recuperar a antiga filosofia do *amor fati*, da rendição aos fatos e ao fado ou destino, que trágica e implacavelmente nos determina e contra o qual, em última instância, nada podemos.

Se quisermos sintetizar estes dois modos problemáticos de lidar com a paixão, entendida negativamente como fonte de sofrimento, poderíamos dizer que o primeiro modo preconiza uma fuga da paixão, por estratagemas anestesiantes – ou seja, anuladores da *estesia* ou capacidade de sentir – que em todas as épocas repetem o modelo estoico da apatia perante a realidade que nos afetaria e que deixa, desse modo, de afetar. As estratégias de compensação levam, nesse sentido, à anulação da paixão como sentimento. O segundo modo, por seu turno, não anulando a paixão enquanto sofrimento, anula a paixão enquanto desejo de superar esse sofrimento, pois propõe a resignação, pura e simples, à nossa condição de sofredores.

No primeiro caso, não faz sentido falar em compaixão; no segundo, a compaixão é a pura imersão numa condição comum aos humanos, eliminando o desejo de que seja superada. As vias orientais, sobretudo as de tradição budista, juntam os dois caminhos, tanto através de estratégias para superar o sofrimento, enquanto afeta o nosso sentimento, fazendo com que deixe de afetar, como pela anulação do desejo e pura rendição ao que acontece, seja o que for. Não foi por acaso que, quer Schopenhauer, quer Nietzsche, quer mesmo Heidegger, tenham sentido tanto fascínio pelas filosofias budistas.

Ora, para a tradição bíblico-cristã – na qual bebe profundamente o acontecimento de Fátima –, um dos elementos principais é a recusa de qualquer fuga virtual à paixão e mesmo ao sofrimento. Todas as estratégias analgésicas, que provoquem a sensação de que vivemos como se o sofrimento não existisse, são consideradas perversões da vida humana. Como tal, o cristianismo defende o reconhecimento básico da condição passional do ser humano, com todas as suas implicações.

Nesse sentido, mesmo que por ele tenha sido muito influenciado, o cristianismo ortodoxo sempre recusou a total condenação da paixão, tal como representativamente defendia o estoicismo. Para o estoicismo, de fato, o problema da paixão, de toda a paixão, residia no fato de perturbar a ordem e harmonia natural, representada pela racionalidade equilibrada, alheia a intromissões externas e, por isso, a toda a afetação ou afeto, concentrando-se no cuidado de si, para atingir a felicidade individual. Para o cristianismo, pelo contrário, o problema não é a paixão em si mesma, senão o seu porquê, aquilo de que se tem paixão, o que a provoca. E, no cerne dos critérios para avaliação das paixões, encontra-se a questão do egoísmo que a possa acompanhar. Ou seja, o problema da paixão não reside no fato de implicar uma afetação, a partir do exterior do indivíduo racional, que perturba o seu equilíbrio interior, mas no fato de poder perverter-se em fixação passional do indivíduo em si mesmo, sem abertura para o outro. A relação ao outro, que se manifesta na paixão, é precisamente aquilo que lhe confere a sua grandeza e a sua possibilidade salvífica.

Essa possibilidade salvífica é que faz com que a aceitação cristã da nossa finitude e dos nossos limites, mesmo do sofrimento que eventualmente nos atinge, não seja pura resignação a esse sofrimento, mas um saber-se – ou melhor, um sentir-se – já a caminho da sua superação. Porque a finitude ou temporalidade manifesta nas paixões não é necessariamente negativa, mas modo positivo da condição humana, que a impele precisamente para o futuro. Na ambiguidade cristã da paixão, entre pecado destruidor (em correspondência com o *thanatos* de Freud) e impulso salvador (em correspondência com o *eros*), o acento é colocado sobretudo na segunda dimensão, como caminho de superação da primeira.

Ora, é precisamente essa dimensão positiva ou salvífica da paixão que eu gostaria de salientar, porque me parece residir aí um dos contributos mais específicos da perspectiva bíblico-cristã da existência, reforçado pelo sinal profético de Fátima. E o núcleo dessa compreensão cristã, como possibilidade salvífica na e pela paixão, não é tanto o desejo ou *Eros* que nos atrai para o infinito, mas precisamente a relação ao outro, na paixão, isto é, o dinamismo do encontro que, desse modo, se torna ativo e eficaz. Porque a salvação dada na paixão é, precisamente, uma dádiva aos humanos, e não uma conquista erótica da humanidade.

É nesse sentido que se torna central a interpretação da paixão como paixão *pelo* outro. O que pode significar, por seu turno, várias coisas, consoante os níveis de paixão, essencialmente positiva. Em primeiro lugar, a paixão pelo outro pode significar desejo do outro. O que significa, antes de mais nada, a força do *eros* que nos atrai para os outros, que podemos desejar de vários modos. O modo mais perfeito desse desejo é a *benevolentia*, definição clássica de amor. O nosso desejo não é, nesse caso, um desejo orientado para a posse do outro, mas para querer apenas o bem do outro.

Mas a paixão pelo outro pode significar mais do que este desejo, por si já importante e fundamental na relação inter-humana e no próprio caminho de salvação. Se dermos ao termo paixão o sentido de sofrimento, então a paixão pelo outro implica uma básica solidariedade no sofrimento, na medida em que um ser humano é capaz de sofrer com o sofrimento do outro. É esse o sentido habitual da *syn-pathia* ou da *compassio*. Nesse nível, já não nos situamos na mera atração pelo outro, mas a caminho de uma responsabilização ética, embora assumida no afeto, por sermos afetados – até inicialmente contra a nossa vontade explícita – pelo sofrimento do outro.

Dessa afetação passional, originária e fundamental, pode resultar a explícita opção ética de sofrer com o outro, em responsabilidade por esse sofrimento. A questão da responsabilidade pelo outro – como manifestação da paixão pelo outro – é complexa. Trata-se da interpelação que ressoa na pergunta originária colocada a todo o ser humano: "Onde está o teu irmão?" (Gn 4,9). Nesse sentido, o sofrimento do outro tem sempre algo a ver comigo, na medida em que sou responsável por ele. Responsabilidade que pode ser compreendida mesmo no sentido de culpa, pois somos solidariamente culpados pelo que de mal os humanos possam fazer a outros humanos. Por isso, somos solidariamente culpados pelo sofrimento que é provocado no outro ser humano – e que é, portanto, sofrido pelo outro. Ao mesmo tempo, sentimos que somos responsáveis pela superação desse sofrimento, seja de modo prático – naquilo que pode ser feito para que esse sofrimento possa ser evitado, diminuído ou mesmo suplantado –, seja no modo da esperança, na medida em que esperamos que, para todos, sem exceção, o sofrimento não tenha a última palavra.

Essa lógica da responsabilidade – que conduz naturalmente ao sentimento e à pragmática da compaixão – aprofunda-se ainda mais, num nível da relação ao outro muito caro à visão judaico-cristã da realidade: o nível da substituição.[4] De fato,

---

[4] Sobre este assunto pode-se ler, com proveito, entre outras, certas passagens de Emmanuel Levinas, *Autrement qu'être et au-dela de l'essence*, La Haye, 1974, esp. p. 179ss.

seja porque nos sentimos culpados pelo sofrimento do outro – de uma culpa estranha mas real, quando sentimos que esse sofrimento será tão merecido por mim como pelo outro –, seja porque nos sentimos responsáveis por ele, então o modo mais natural de nos relacionarmos com esse sofrimento é assumindo o lugar do outro. Nesse sentido de relação extrema ao sofrimento do outro, a paixão pelo outro transforma-se em sofrimento pelo outro, isto é, em sofrer na vez do outro.

É nesse modo extremo da compaixão enquanto substituição que se torna também mais clara a percepção de nós mesmos na relação com o outro. Aliás, mesmo do ponto de vista da definição de identidade – e do sentimento dessa mesma identidade – o "si mesmo" assume-se no lugar do outro, na medida em que se assume em lugar do outro. Não porque o nosso eu substitua o outro, eliminando a sua alteridade, mas precisamente porque o nosso eu se situa no lugar em que o outro se encontra, encontrando-se com o outro, precisamente na paixão por ele. O colocar-se no lugar do outro, assumindo o seu sofrimento – a sua paixão – em seu lugar, é, sem dúvida, o modo extremo de paixão pelo outro, enquanto sofrimento pelo outro e enquanto amor pelo outro, sem distinção das dimensões. É o modo mais profundo de encontro entre mim e o outro, na paixão – é o modo mais excelso de compaixão; de compaixão pelo outro, como tal, sem acepção – até pelo inimigo, até pelos "pobres pecadores", de cujo pecado nos sentimos corresponsáveis e, em certa medida, coautores.

Contudo, a primazia do outro, na relação passional, não anula a percepção da identidade própria. Se é certo que a paixão nos faz sentir nós mesmos, não é menos certo que a paixão nos faz sentir, antes de tudo, com os outros. Mas a alternativa entre estes dois modos de interpretação é, em última instância, ilusória, pois é na medida em que nos sentimos com os outros que nos sentimos nós mesmos, e não por outras vias.

De fato, ao encontrar-se com o outro, na paixão, cada ser humano encontra a si mesmo, através da paixão. Porque nós somos aquilo que padecemos, isto é, aquilo que passionalmente nos vai constituindo. Nesse sentido, não há contradição, mas necessária simultaneidade entre o encontro com o outro e o encontro consigo mesmo. É, em realidade, nessa simultaneidade que tudo se joga. É-se tanto mais para si mesmo quanto mais se é para o outro e pelo outro; a paixão, entendida como esquecimento de si, é, por essa via, o mais radical modo de encontrar-se.

De fato, muitas paixões reais podem ir nos dois sentidos: ou do esquecimento de si, pelo outro, ou da afirmação de si, no esquecimento do outro. A salvação ou a perdição – no pecado – depende dessa alternativa fundamental. O que se pode verificar já no cotidiano da existência humana. Se é certo que a felicidade liga à comunidade e a tristeza isola, não é menos certo, por seu turno, que a ligação à comunidade é caminho de felicidade e o isolamento é caminho de tristeza.

Como vimos acima, há uma estreita ligação entre a compaixão e a salvação, na medida em que esta, ao nos conduzir para o outro, nos introduz num caminho de felicidade e alegria existencial, mesmo psicológica. Mas limitar-se-á a dimensão salvífica do encontro na paixão a este efeito psíquico-existencial? E terá todo encontro – sobretudo o encontro marcado pelo sofrimento com o sofrimento do outro, ou mesmo em lugar do outro – essa característica de felicidade alegre? Não estará isso perto da perversão masoquista?

De fato, é preciso não esquecer que, na maioria dos casos, o encontro na paixão é um encontro sofredor, por isso um encontro num contexto humano de clamor, até mesmo de protesto pela condição que nos parece determinar. Não equivaleria a alegria do encontro, nestes casos, a uma espécie de novo analgésico, como estratégia de compensação, semelhante àquelas que acima criticamos? De fato, parece-me que a isso se limitam muitas pastorais ou espiritualidades do consolo – por mais importante e fulcral que esse consolo seja, na experiência humana de uma possível salvação.

Mas o encontro com a paixão (enquanto sofrimento) do outro humano inocente – que me leva ao encontro com a minha paixão de humano que partilha a mesma condição e que se sente responsável pelo outro concreto – é um encontro que, no interior de um sofrimento aparentemente absurdo, apenas pode abrir caminhos de esperança. Porque, em última instância, não é o nosso consolo mútuo que nos salvará, mas simplesmente o futuro escatológico de Deus. Portanto, só esse futuro escatológico é verdadeiro fundamento da alegria.

Mas não se tratará, neste caso e em sentido inverso das questões colocadas anteriormente, de uma utopia demasiado desconhecida e longínqua para que possa ter efeito salvífico já agora? E não será importante, quando nos encontramos na paixão, que o caminho de salvação se possa vislumbrar já, sentindo-o de algum modo antecipado em nós?

Estas questões levam-nos a considerar o modo especificamente cristão de conceber o encontro com a paixão dos outros e o modo como, por esse meio, encontramos a verdade da nossa própria identidade, enquanto identidade passional. É que a eficácia salvífica da paixão *pelo* outro não é mera eficácia humana de consolo mútuo ou de uma pragmática sociopolítica que eventualmente diminua os sofrimentos, por mais importante e fundamental que seja. A eficácia salvífica verdadeira, aquela que limpará definitivamente as lágrimas de todos os olhos, é a eficácia de uma paixão concreta, na história dos humanos e na história de Deus: a *paixão de Nosso Senhor Jesus Cristo*. Logo, o encontro na paixão recolhe a sua eficácia verdadeiramente salvífica no encontro com essa paixão concreta e única na História. Encontro esse que só é possível se tornarmos presente essa mesma paixão. E tornar presente é fazer memória. Por isso, a eficácia salvífica do encontro na paixão depende da *memoria passionis et resurrectionis Jesu Christi*, como formula de modo exemplar o teólogo alemão Johann Baptist Metz.[5]

Não que essa paixão seja isolada mítica ou metafisicamente das paixões concretas que povoam a história da humanidade. Mas porque todas essas paixões só encontram um motivo verdadeiro de esperança na paixão de Cristo, através da sua memória. E essa *memoria passionis* transforma-se em força performativa, em força crítica que, na história, vai realizando a salvação do sofrimento, sem lhe fugir e sem a ele se render. E é também Johann Baptist Metz quem explora de modo exemplar a categoria da compaixão – da *compassio* – como categoria salvífica universal. Com o recurso à compaixão, Metz reage, antes de mais nada, contra certa modernidade que reduz a questão da salvação a uma construção racional e transcendental. Ou seja, a salvação é abordada aí numa perspectiva que não leva em conta o real sofrimento de seres humanos concretos. Seja interpretando a história como mera aparência de realidade, seja a reduzindo ao seu final feliz, a modernidade acaba por resolver o problema do sofrimento declarando-o ilusório e sem importância – ou, então, algo necessário no sistema perfeito da própria realidade global.

---

[5] Cf. Johann Baptist Metz, *Memoria passionis. Ein provozierendes Gedächtnis in pluralistischer Gesellschaft*, Freiburg i. Br. 2006.

Mas a proposta de Metz também reage contra uma pós-modernidade que relativiza tudo, reduzindo o real ao seu fruir cotidiano, sem sentido e sem hipótese de validade. Contra essa anulação niilista de qualquer valor, Metz defende a autoridade absoluta do sofrimento do inocente. Ou seja, o outro que sofre inocentemente serve de critério para avaliar as falsas leituras da história e as falsas pragmáticas que a vão marcando – que são precisamente aquelas que não levam em conta nem fazem justiça a todo o sofrimento inocente, esquecendo as vítimas da história.

Ora, a atitude compassiva é, precisamente, aquela atitude que coloca no seu centro o sofrimento inocente do outro ser humano concreto. Nesse sentido, não o reduz à aparência ou à necessidade lógica ou natural de um processo histórico predeterminado ideologicamente ou pelo destino implacável; e, ao mesmo tempo, não o dissolve no completo relativismo niilista. Porque o sofrimento inocente do outro é, precisamente, o valor perante o qual tem que se medir todo o saber e todo o fazer – também todo o sentir. Como tal, é possível fazer, mesmo hoje, afirmações com validade universal. Essas são precisamente as afirmações que declaram que a vitimização do outro inocente não deve ter a última palavra na história. A última palavra cabe à salvação definitiva da vítima, que nos é permitido esperar.

E, se é certo que essa salvação só pode ser dádiva gratuita de Deus, Senhor da história, não é menos certo que ela se pode tornar já eficaz e ativa ao longo dos momentos históricos, precisamente através da prática da compaixão. Assim sendo, essa prática, mais do que caminho para uma sutil e egoísta procura de salvação de si mesmo, através da prática de boas obras, é o caminho que introduz na história a força do amor compassivo de Deus, salvador precisamente para os que sofrem inocentemente e de quem nos compadecemos. Ou seja, também no que diz respeito à dimensão salvífica da paixão, enquanto compaixão, a primazia do outro é a medida para encontrarmos a nós mesmos. O caminho da compaixão é, pois, o caminho pelo qual vamos ao encontro do outro, na paixão por ele, padecendo com ele e por ele, encontrando aí a nós mesmos, como aqueles que padecem no lugar do outro. Só nessa paixão ou nesse amor, que bebe a dor do outro até à última gota, é que o mundo pode esperar vir a ser salvo – pode esperar no futuro escatológico de Deus, já inaugurado na *com-paixão* de Jesus Cristo.

Profecia teológico-política

Embora de forma surpreendente, o acontecimento de Fátima está estreitamente ligado ao contexto político da época. E isso acontece não apenas porque as tensões políticas em Portugal de então eram fortes, vindo a envolver os próprios pastorinhos – ainda que de forma colateral –, mas também porque se encontra, precisamente, no cerne da mensagem. Por outro lado, não é muito fácil pensar que os videntes tenham projetado as questões políticas do tempo naquilo que diziam ter escutado, nomeadamente, nas palavras de Maria. Crianças daquela idade e oriundas daquele meio rural e pobre não estariam certamente muito envolvidas na vida política do país e do mundo. O que em realidade acontece é que os acontecimentos de Fátima, para além da sua dimensão contemplativa e espiritual, se referem à vida cotidiana dos humanos, numa história concreta, que na época atravessava momentos difíceis. Nesse sentido, a espiritualidade daí resultante une de forma inseparável a dimensão contemplativa da fé com a sua responsabilização, quer pelo outro humano – nomeadamente os mais fracos e mesmo pecadores –, quer pelos próprios dinamismos sociais, sobretudo aqueles que implicam situações de guerra ou de paz. A questão da paz mundial está tão no centro da espiritualidade de Fátima como estão os temas da oração ou do sacrifício – porque todos estão relacionados.

Ora, essa incontornável aproximação a Fátima conduz-nos à questão da dimensão política da fé cristã, que podemos considerar coincidente com a sua dimensão profética, porque denunciadora de realidades que afetam negativamente a humanização dos humanos. Essa dimensão político-profética é habitualmente tratada na denominada teologia política, cujo conceito não está, contudo, livre de ambiguidade. No sentido de tentar diminuir alguns efeitos dessa ambiguidade, proponho algumas clarificações conceituais, não exaustivas nem desenvolvidas, mas que permitirão uma orientação mínima para o que se segue.

Antes de tudo, é importante clarificar o que aqui se entende por *política*. Refiro-me, primeiro e de modo muito genérico, à dimensão pública (*res-publica*) da pessoa humana e ao modo da sua organização. Todo ser humano é político por natureza, podendo dar corpo concreto a essa sua dimensão de formas mais ou menos claras. Na realização concreta dessa dimensão, surgem sempre modos diversos de organizá-la, a que genericamente chamamos sistemas políticos. De um modo ou de outro – mesmo no pretenso alheamento –, o ser humano está sempre inserido em formas concretas de organização da dimensão pública da sua existência, vivendo, portanto, sempre num espaço político determinado.

Se estreitarmos um pouco esta definição genérica, poderemos identificar a dimensão política apenas como o exercício do poder (ou da governação) em determinada forma de organização do político. Ora, essa dimensão mais específica da política realiza-se, nas sociedades modernas, sobretudo através do Estado. Este é, segundo Ricoeur (partindo de Éric Weil), a "organização de uma comunidade histórica".[6] Por um lado, a questão do sentido da ação e das decisões enraíza-se no mundo simbólico de uma comunidade social concreta (com as suas

---

[6] Paul Ricoeur, Ethique et Politique, in Id., *Du text à l'action*, Paris: Seuil, 1986, p. 393-406, 402.

tradições, os seus costumes, os seus valores, as suas convicções); por outro lado, esse mundo torna-se organizado, correspondendo suficientemente às exigências humanas de racionalização. Então, o Estado será uma espécie de "síntese do racional e do histórico, da eficácia e do justo",[7] seguindo a regra da mais justa aplicabilidade de uma e outras fontes, tendo em conta as circunstâncias pragmáticas e históricas e, ao mesmo tempo, a salvaguarda da igualdade de todos perante a lei. É nessa aplicação pragmática, segundo a virtude da prudência, que o Estado é a realização do especificamente político. A realização possível da justiça e da liberdade, no cruzamento permanente de uma comunidade histórica concreta com a racionalidade abstrata, constitui, portanto, o específico da ação política.

Pressuposta essa dupla noção de política – num sentido mais vasto e num sentido mais estrito –, convém tocar no conceito ainda mais ambíguo de *Teologia Política*. De modo genérico, poderíamos defini-la como reflexão (teológica) sobre a relação entre a fé cristã (incluindo a comunidade eclesial, nomeadamente a sua dimensão institucional) e a dimensão política do humano (incluindo as instituições da sua organização, nomeadamente o Estado, pelo menos no contexto marcado pela modernidade ocidental). Mas a Teologia Política pode realizar-se, em concreto, de muitos modos. Por isso, à clarificação

---

[7] Ibidem, p. 400.

conceitual fundamental há que acrescentar uma clarificação sobre alguns modos típicos da sua concretização.

Assim, podemos falar, antes de tudo, de uma Teologia Política da *identificação* com determinados modelos de organização da dimensão política do humano. Nesse caso, as concretas realizações históricas do político seriam consideradas *completas* realizações do teológico, como uma espécie de encarnação plena do Reino de Deus em reinos humanos. Isso acontece quando certos sistemas políticos ou regimes são considerados teologicamente os (únicos) adequados (como a monarquia ou a democracia, por exemplo), ou então quando se instaura uma promiscuidade no exercício do poder, em que o denominado poder temporal se identifica com o poder espiritual, ou seja, quando a legitimação do exercício do poder – e a dos seus executores – se torna exclusiva e diretamente teológica.

A denominada teocracia seria o sistema político que melhor incarnaria esse modelo, que faria com que toda a teologia fosse política e toda a política fosse teológica. Penso não ser necessário referir exemplos concretos desse modelo de identificação entre o teológico e o político, pois são sobejamente conhecidos na história. O que talvez não faça parte da consciência comum é que certas aplicações desse modelo continuam vivas. E não me refiro a estados teocráticos ainda existentes, mas a certos modos sutis da referida promiscuidade. E mesmo aqui não estou pensando tanto nos casos mais evidentes em que essa promiscuidade possa acontecer – sobretudo em nível local, no exercício do poder em pequena escala –, mas sim na dimensão "teológico-religiosa" que adquirem certos modos de exercício do poder político, mesmo na aparência de laicidade. A absolutização do poder, pelo recurso a fundamentações (explícitas ou não) de teor praticamente "teológico" (precisamente por se tratar de uma pretensão absoluta), constitui a mais habitual e permanente identificação entre o teológico e o político, que em determinadas fases da história conheceu configurações explícitas mais visíveis, mas que permanece como possibilidade constante nas organizações políticas e religiosas.

Outro modelo, praticamente oposto a este, passa precisamente pela *negação* da própria relação entre o teológico e o político, o que nos conduz a uma espécie de teologia *apolítica*, porque defende o completo não envolvimento com a dimensão política do humano, por refúgio em certa compreensão da transcendência ou no âmbito restrito do indivíduo isolado. Essa posição marcou grupos e organizações religiosas ao longo de toda a história. A afirmação extrema de uma ruptura total entre a cidade celeste e a cidade terrena levou muitas vezes à compreensão da dimensão teológica como algo completamente exterior à dimensão política das organizações humanas. Mesmo quando essa posição pretendeu ter realização terrena – como no caso da vida conventual –, a própria organização terrena pretendia dar corpo à ruptura invocada, estabelecendo uma ordem política paralela, que em realidade não se pretendia política em sentido estrito. A identificação do teológico estritamente com essa dimensão transcendente em relação a qualquer estrutura humana originou mundos separados, em que um deles, em realidade, era a expressão da superação – e às vezes contradição – do próprio mundo. Nas suas versões mais modernas e pós-modernas, essa "apoliticidade" do teológico conheceu sobretudo um desenvolvimento subjetivo. O teológico passou a ser identificado com uma dimensão apenas pertinente no âmbito da decisão privada de cada indivíduo e do seu destino eterno. Do ponto de vista social, isso implicou a relegação do "religioso" para o âmbito do privado; do ponto de vista teológico, isso significou a identificação da vida de fé com a história pessoal de cada indivíduo, alheada das relações sociopolíticas e dos respetivos modos da sua organização, nomeadamente quanto ao exercício do poder. Mas aquilo que parecia possibilitar uma convivência pacífica entre o teológico e o político – por alheamento mútuo – não se revelou tão pacífico assim, sobretudo porque não correspondia à verdade e à realidade das coisas, que não podem separar-se tão artificialmente, sem graves danos para ambos os lados.

Ante os extremos da identificação e da negação, uma outra modalidade nos é fornecida por uma Teologia Política do *compromisso*, embora sob permanente "reserva escatológica", o que impede a identificação completa com regimes políticos determinados. Mas essa reserva, em vez de significar alheamento do político, é precisamente o fundamento do compromisso político, determinado em grande parte pela crítica profética de certas realizações concretas. Antes e acima de tudo, prevalece a responsabilidade sociopolítica do cristão, como princípio claramente assumido por exemplo pela *Gaudium et Spes*:

"Todos os cristãos tenham consciência da sua vocação especial e própria na comunidade política; por ela são obrigados a dar exemplo de sentida responsabilidade e dedicação pelo bem comum, de maneira a mostrarem também com fatos como se harmonizam a autoridade e a liberdade, a iniciativa pessoal e a solidariedade do inteiro corpo social, a oportuna unidade com a proveitosa diversidade" (GS 75).

Não é possível, pois, o alheamento político, como se a fé fosse completamente transcendente às estruturas do mundo, ou como se apenas se confinasse a um exercício subjetivo e individual. Essa "sublimidade" do teológico, na pretensa defesa de um âmbito religioso específico e reservado, acaba por eliminar a própria pertinência desse teológico, aniquilando-o em si mesmo. É apenas com o princípio do incontornável compromisso político como pano de fundo que é possível – e necessário – salvaguardar a diferença entre o teológico e determinadas estruturas políticas concretas, como fica bem claro no mesmo texto conciliar: "A Igreja que, em razão da sua missão e competência, de modo algum se confunde com a sociedade nem está ligada a qualquer sistema político determinado, é ao mesmo tempo o sinal e salvaguarda da transcendência da pessoa humana" (GS 76).

É a partir desse princípio de uma teologia política do *compromisso sob reserva* que pode ser interpretado o profetismo de Fátima. Antes de tudo, não se desenvolve como espiritualidade alheia aos processos sociais e políticos, sobretudo na dimensão global. Por um lado, denuncia a violência entre sujeitos e entre estados, nomeadamente através da guerra, lançando um desafio de paz, embora na consciência das dificuldades da sua construção. Por outro lado, denuncia certos sistemas políticos, de que sobressai a referência à Rússia, imediatamente no contexto da revolução de 1917, alertando para o perigo do totalitarismo soviético – cujos resultados não eram no volume tão evidentes, nem a sua leitura tão consensual como cem anos depois. Mas, ao mesmo tempo, não se trata da proposta de um regime político alternativo, nem sequer da defesa de um antigo regime, ante aos processos de transformação a que se assistia, sobretudo no contexto nacional – mesmo que muitos quisessem fazer essa leitura simplista do fenômeno. Ou seja, a denúncia profética vai acompanhada de uma orientação claramente escatológica, que não envereda por fáceis e imediatas alianças políticas passageiras. Nesse sentido a posição teológico-política do acontecimento de Fátima – não apenas no seu início, mas ao longo dos cem anos seguintes – partilha uma relação suficientemente equilibrada entre a articulação social concreta do profetismo (que poderíamos denominar dimensão "ideológica" da teologia política) e orientação escatológica da denúncia, que não permite identificações ideológicas absolutistas (a que poderíamos denominar dimensão "utópica" da teologia política).

A história da teologia política tem sido balizada pela relação entre estas referências ideológica e utópica, nem sempre conseguindo o justo equilíbrio. O modelo helênico e pré-cristão de teologia política – que aí se distinguia da teologia mítica ou poética e da teologia física ou natural – era, sem dúvida, um modelo orientado pelo dinamismo da ideologia, uma vez que se referia ao conjunto de práticas essencialmente cultuais, correspondentes à religião que, por sua vez, correspondia ou representava e fundamentava a organização política vigente – nomeadamente no contexto de cada *polis* ou *civitas*, ou mesmo mais tarde no contexto do *imperium*. De modo anacrônico, poderíamos dizer que a teologia política da antiguidade, nesse sentido, desempenhava sobretudo a função ideológica de legitimar uma sociedade e o exercício do poder no seu seio, pelo recurso a práticas que hoje denominaríamos religiosas. Tratar-se-ia, pois, de uma teologia civil, porque enquadrada no contexto de uma religião civil.

É conhecida a crítica de Agostinho de Hipona a esse modelo de teologia. O seu famoso *De Civitate Dei* implica, genericamente, a defesa da teologia natural (que coloca antes de tudo a questão da verdade) contra uma teologia política simplesmente ao serviço dos interesses políticos mais diversificados. A fertilidade dessa posição não chegou, contudo, a originar uma teologia política de matriz diferente, mas conduziu sobretudo a certa suspeita generalizada em relação a toda a teologia política, que foi simples e quase exclusivamente entendida como fundamentação religiosa de determinado modo de organização política, possibilitando a sua estabilidade e expansão. No fim das contas, tratar-se-ia da transformação da teologia num órgão próprio da religião civil de determinada comunidade sociopolítica. A *civitas Dei* opor-se-ia, assim, à *civitas terrena* precisamente por nela não se reconhecer a validade de semelhante teologia.

Um dos mais emblemáticos casos dessa tradição de teologia política no séc. XX foi sem dúvida Carl Schmidt, numa proposta em última instância sem pretensões estritamente teológicas mas jurídicas. De fato, a sua posição baseia-se, por um lado, na aplicação a uma teoria política secular de um conjunto de conceitos ou doutrinas claramente retirados da tradição teológica (nomeadamente a doutrina do pecado original), construindo com base neles a sua teoria da soberania, com pretensões simplesmente jurídicas ou no campo do pensamento político; por outro lado, na base desse exercício encontra-se a convicção de que as motivações da prática política concreta assentam em recursos de legitimação comparáveis aos que na antiguidade eram assumidos pelos deuses.

A abundante contestação teológica dessa posição originou, por um lado, o abandono completo do conceito de teologia política no contexto estrito da teologia, relegando-o ao campo estrito do pensamento político, como modo específico, entre outros, da fundamentação dessa dimensão do humano. Foi, no essencial, essa a posição do conhecido crítico de toda a teologia política, Erik Peterson. Mas foi também a contestação dessa posição de Carl Schmidt que originou, por outro lado, a formulação de um outro perfil de teologia política que, ao se opor a essa teologia de matriz ideológica, também se opõe ao abandono completo da dimensão política da teologia, seja este abandono promovido em nome de uma desclassificação escatológica do mundo (na sequência de certo dualismo agostiniano entre as duas cidades), ao estilo da loucura utópica, seja promovido pela privatização do religioso, na sequência dos processos típicos da modernidade, em cuja herança ainda vivemos.

Esse outro perfil de teologia política – a denominada "nova teologia política" – foi sobretudo elaborado pelo teólogo católico Johann Baptist Metz, já referido anteriormente. Embora defensor de uma teologia do mundo que salvaguarda a radical autonomia deste em relação à instância religiosa, depressa se apercebeu que essa posição poderia conduzir a uma absoluta desresponsabilização política da teologia, correspondente ao alheamento político da religião. Desafiado pelos processos de individualização do religioso, que pareciam contradizer completamente a dimensão política da teologia, propõe uma noção de teologia política que, ao mesmo tempo, claramente se opõe à sua utilização puramente ideológica. A inspiração para esse modelo vai buscá-la na tradição da teoria crítica, sobretudo tal como foi elaborada pela denominada escola de Frankfurt, que corresponde a uma transformação do marxismo por inspiração em elementos importantes da tradição hebraica, nomeadamente no messianismo profético. Isso conduz, na versão estritamente teológica, a uma ligação estreita entre teologia política e escatologia – que na tradição ideológica se contrapunham simplesmente. É nesse contexto que é considerada explicitamente a dimensão da utopia, como alternativa à dimensão da ideologia.

A constituição essencialmente escatológica da teologia política vai, por outro lado, encontrar uma importante fonte de inspiração em Ernst Bloch, cuja filosofia da esperança assenta precisamente no conceito de utopia. Será Jürgen Moltmann – autor da principal versão protestante da nova teologia política – a colocar o "princípio esperança" e a categoria do "futuro" no centro da teologia, que assim se assume precisamente como teologia política.

Ora, se já o pensamento utópico de Bloch revela dificuldades na articulação positiva com a realidade – como será também o caso da dialética negativa de Max Horkheimer e de Theodor Adorno, todos pertencentes ao mesmo âmbito da teoria crítica – o caso de Moltmann pode ser lido como radicalização dessas dificuldades. A crítica que faz a Bloch não resolve, antes parece agravar essa situação, na medida em que propõe o recurso à categoria da transcendência para resolver aporias resultantes do imanentismo da posição do filósofo ateu. Surge assim uma espécie de teologia política negativa – expressa de forma concreta em certa teologia da revolução –, cuja função é simplesmente crítica e, nesse sentido, de pura negação da realidade vigente, nomeadamente da organização social e dos correspondentes dinamismos do poder.

Também Metz, sobretudo devido ao seu recurso ao conceito de "reserva escatológica", que levanta uma suspeita de princípio em relação a todas as realizações históricas, parece ceder a esse utopismo radical, que se aproxima de certo irrealismo utópico, em princípio ineficaz. No entanto, Metz foi ganhando consciência deste problema, sobretudo devido à crise de fundamentação do político que vem marcando as sociedades contemporâneas.

Ora, tem sido precisamente no contexto dessa crise – por muitos identificada com uma generalizada crise de valores – que certas versões da teologia política contemporânea têm reencontrado o caminho da ideologia. É certo que estamos, neste aspecto, muito distantes das condições políticas e culturais do contexto em que se iniciaram os eventos de Fátima. Mas também é certo que alguns grupos de devotos de Fátima, sobretudo em países anglo-saxões, não deixam de estabelecer uma relação estreita entre uma leitura muito própria desses eventos e o contexto cultural contemporâneo, sobretudo no que se refere à questão dos valores. Também aqui são possíveis radicalizações, que o santuário, como tal, tem sabido recusar de forma explícita.

Algumas orientações recentes da teologia política retomam o recurso – por vezes ingénuo – ao papel integrador e constituinte de identidade de determinadas convicções religiosas, como base de identificação social e mesmo de legitimação do poder político. O caso mais conhecido é o do denominado neoconservadorismo norte-americano, que encontra grandes afinidades entre o cristianismo – nomeadamente católico – e o sistema capitalista, necessitando de uma fundamentação exterior a si mesmo, como base da recuperação de valores fundamentais à coesão de qualquer sociedade. É claro que essa ideologização da teologia política, embora legítima e compreensível até certo ponto, parece reeditar o problema da funcionalização política do religioso, que pode encaminhar o processo para as dimensões mais problemáticas da ideologia, até à completa perversão das coisas, justificando formas de poder estabelecidas. Se a teologia política de matriz utópica conduzia a uma negatividade que se aproxima perigosamente do puro niilismo, essa teologia política de matriz ideológica, precisamente ao tentar salvar-se do niilismo iminente, volta a encerrar a realidade num presente perigosamente autolegitimado e assim absolutizado.

Fátima pode ser considerada, mesmo que moderadamente, como exemplo de equilíbrio teológico-político, ao contrário do que alguns grupos fundamentalistas dela fizeram. Esses desvios têm acontecido, precisamente, ou pelo exagero da dimensão utópica, através de uma perspectiva apocalíptica desencarnada, que chega a propor o isolamento da comunidade crente em relação ao resto do mundo, ou então quase pelo seu inverso, na medida em que pretende relacionar Fátima com opções políticas concretas, seja para sua condenação, seja em relação a propostas alternativas. Mas, rigorosamente, nem a mensagem original de Fátima nem o desenvolvimento do santuário permitem qualquer cobertura a essas posições radicais.

Assumindo a questão da paz mundial como tópico central, os discursos do Anjo (que chegou a denominar-se Anjo da Paz) e de Maria não condenam absolutamente o mundo, propondo uma fuga da comunidade crente em relação aos problemas que partilhava toda a humanidade. E a história destes cem anos tem sido de envolvimento com a história de todos os humanos, desde os mais próximos aos mais distantes, desde os que se aproximam do santuário àqueles que se mantêm fora. Os problemas permanentes da humanidade, em perfeita consonância com o texto inicial da *Gaudium et Spes*, têm sido a ocupação e a preocupação do acontecimento Fátima em todas as suas dimensões, como o foi logo no início, muito antes do Concílio Vaticano II.

Mas Fátima nunca enveredou pelo caminho da ilusão de que a paz mundial – assim como a paz local e a paz pessoal – se pudesse forçar ou construir fácil e artificialmente através da imposição de um regime político, eventualmente considerado cristão. Se sempre recusou a via da utopia desencarnada, também recusou a via da ideologia de visões curtas e demasiado imanentes. Ante grupos tendencialmente ideológicos, manteve viva a dimensão da utopia, através de uma permanente referência escatológica, para a qual a plenitude da paz nunca está conseguida e, em última instância, não poderá ser mero produto de realizações humanas – por mais importantes e imprescindíveis que estas sejam. Aliás, a vocação contemplativa de Lúcia é claro símbolo dessa dimensão utópica e escatológica – como já pode ser considerada, também, a linguagem apocalíptica e metafórica das aparições, nomeadamente no que se refere a visões do inferno e do purgatório.

Mas, por outro lado, Fátima sempre evitou o mal-entendido de uma contemplação perversa, que considera poder mediar a salvação para os humanos sem envolvimento social concreto e realista. A relação fortemente afetiva da população mais simples com Fátima revela grande proximidade quanto aos problemas cotidianos, dos mais pequenos aos mais vastos. Fátima é, pois, um caminho de paz, mas de uma paz que está consciente das dificuldades dos percursos e da sua própria debilidade, se não for permanentemente cuidada. O anunciado triunfo do Imaculado Coração de Maria é um triunfo escatológico que mantém viva a esperança de que a luta pela paz faz sentido e que é possível caminhar nesse sentido. Não significa qualquer luta apocalíptica entre bons e maus – embora certas expressões simples, como as formuladas por crianças, pudessem conduzir a tal interpretação – com uma eventual vitória final e violenta dos bons, ou do próprio Deus, através de uma intervenção direta na história. O desafio de Fátima não conduz a essa luta aberta e demasiado simplista, mas convoca ao profetismo, à coragem de denunciar o que está mal e esperar que o Espírito de Deus, na paciência do tempo da história, vá realizando a profunda transformação do mundo, sem violências impacientes que a queiram apressar. Os dramas da história são demasiado complexos para serem reduzidos ao "preto e branco" de juízos demasiado precipitados e entusiastas.

Por isso, o profetismo é a palavra mais adequada para a dimensão teológico-política de Fátima, expressa na esperança da paz. Porque a profecia não é a previsão do futuro. Quando o profeta fala no futuro é para se referir ao presente e anunciar o que poderá acontecer se este não se alterar – ou a possibilidade de outro desfecho, se se alterar. Também por isso, a dimensão profética de Fátima não está diretamente nos "segredos", como se por magia tivesse sido revelado algo que viria a acontecer no futuro. Trata-se antes de uma leitura corajosa e mesmo arriscada da história, que pode conduzir ao martírio. Aliás, o martírio como testemunho é o núcleo do profetismo. Talvez devido ao efeito que determinada denúncia pudesse ter é que Lúcia teria reservado elementos do seu discurso para quando o tempo estivesse maduro para serem escutados. A linguagem do "segredo" – nomeadamente no que se refere à denominada terceira parte do segredo – é uma linguagem simbólica que se refere, precisamente, ao drama da história humana, com as suas ambiguidades, em que a ação do mal é possível – mas também do bem. No contexto das maiores dificuldades – que são cotidianas, mas podem ganhar configurações mais fortes e radicalizadas em determinadas circunstâncias – daquilo que genericamente pode ser descrito com o conceito de perseguição, permanece a esperança, tal como acontece em muitos textos bíblicos (pensemos nos Macabeus ou mesmo nos Atos dos Apóstolos). Nesse sentido, não se trata de nada novo, mas apenas de uma formulação circunstancial, aplicando um problema de sempre ao nosso contexto histórico. O importante, contudo, é a esperança de que o profeta é testemunha, mas com a própria vida, se for necessário – por isso é um mártir.

Não podemos esquecer que o profetismo é um desafio permanente, não apenas em momentos da história considerados catastróficos – embora todos tenhamos tendência para considerar catastróficos, mais do que quaisquer outros, os tempos que nos cabe viver, seja quando for. Contudo, cada tempo é o que é, possuindo a sua grandeza e os seus problemas. E a cada tempo é necessário o seu profetismo. Fátima tem sabido estar atenta aos sinais de cada tempo, não tendo ficada colada à letra de qualquer formulação estagnada no tempo. E o profetismo atual continua a fazer sentido, continuando a ser incômodo e doloroso.

Pensemos, por exemplo, no significado profético que a valorização do sacrifício – não em si mesmo, mas como caminho de solidariedade exigente – pode ter, numa cultura inclinada ao facilitismo individualista. Pensemos, por exemplo, no profetismo da valorização da experiência corporal, na relação simples e direta com o mundo, numa cultura que privilegia a relação virtual e artificial. Pensemos, por exemplo, no profetismo que implica a centralidade dos pobres, dos que recebem sem merecer, numa cultura de mercado capitalista, que sobrevaloriza a vitória pessoal, o orgulho da conquista, a "ética" do domínio, mesmo que seja o domínio de si.

Estética dos espaços e dos tempos

Uma das características do santuário de Fátima que não deixa de ter notável impacto sobre a sua espiritualidade e sobre a relação com o mundo envolvente, sobretudo com a sua dimensão cultural, é o modo como tem acompanhado e incentivado a produção artística contemporânea relacionada com a experiência religiosa. Pode-se mesmo dizer que a sua atividade inaugurou uma nova forma de relacionamento com o mundo artístico contemporâneo, depois de uma relação difícil entre este e a Igreja Católica, ou mesmo a religião em geral. Devido a esse impulso, muitos artistas atuais, mesmo se não explicitamente crentes, têm contribuído para uma abordagem artística da experiência religiosa que começa a ter significativo impacto teológico e cultural. Ao mesmo tempo, este movimento vai-se transformando também em núcleo de aproximação da comunidade eclesial em relação à produção artística contemporânea, superando certa estagnação na banalidade, que se satisfaz com obras menores ou mesmo com uma forma de "arte" religiosa que nada tem de verdadeiramente artístico, mesmo que possa satisfazer finalidades devocionais diversas. De modo geral, pode considerar-se Fátima como um lugar – também um *santuário*, neste sentido – de aproximação mútua entre Igreja e mundo artístico contemporâneo, numa espécie de reconciliação.

Falar em reconciliação com os artistas implica, evidentemente, assumir a existência de uma ruptura ou de um conflito anterior – neste caso, um conflito entre a Igreja ou o cristianismo e o mundo da arte. Ora, uma reconciliação implica, por outro lado, uma correta compreensão e avaliação dos conflitos que provocaram a ruptura, assim como o reconhecimento dos problemas que lhes estiveram inerentes; e implica a superação, de ambos os lados, das razões que originaram os conflitos, para abrir um futuro novo, para lá do que separa, na descoberta de razões, eventualmente desconhecidas, de confluência possível.

É claro que, no caso da relação difícil entre Igreja e artistas, ao longo dos últimos dois séculos, por um lado, as razões dos conflitos são numerosíssimas e complexíssimas; por outro lado, uma completa reconciliação não é ainda realidade – nem será talvez completamente possível, até porque é difícil imaginar o que isso possa significar.

Num primeiro passo, convém refletir, sem preocupações de pormenor histórico, sobre o percurso da cultura moderna e contemporânea, que terá levado ao afastamento entre Igreja e arte, espelhado em todas as artes, particularmente na própria arquitetura, como imagem primeira do dinamismo de qualquer sociedade. Esse percurso de colisão estende as suas raízes a uma aliança que se tornou problemática e que, a partir dessa problematicidade, originou pretensões concorrentes e, por isso, conflituosas. Mas o caminho da pós-modernidade encarregou-se de manifestar os equívocos desse confronto, abrindo assim as portas a uma possível (re)aproximação.

É claro que o pressuposto, cultural e historicamente mais remoto, daquilo que aconteceu na modernidade se situa já na Idade Média e pode ser interpretado como leitura da arte enquanto "serva" do cristianismo. Evidentemente que a questão não pode ser abordada partindo simplesmente das nossas atuais coordenadas de leitura. Em primeiro lugar, porque nem existia, na época, uma noção de arte tão precisa e restritiva como na atualidade; muito menos existia qualquer ideia de "autonomia" da arte ou do artista, o que também tornava estranha a ideia de um gênio criador independente de toda a funcionalidade e de todo o serviço a uma causa maior que ele. Por isso, o pretenso "servilismo" da arte, em relação ao cristianismo, não possuía significado negativo, antes, o contrário. A grandeza da atividade artística era potenciada, quando colocada ao serviço dessa convicção religiosa, sobretudo no seu culto – como provam as catedrais e toda a produção artística que englobam. Mesmo relativamente ao artista, em sentido pessoal, não podemos partir da mentalidade individualista que os últimos séculos instauraram no Ocidente. A pertença do artista à comunidade – assumida como cristã – faz com que as suas obras – tantas vezes anônimas – pudessem ser vistas como expressão do "homem cristão", enquanto modo supremo de ser humano.

De qualquer modo, foi esta situação que originou problemas, quando o mundo em que ela era assumida evidentemente como positiva deixou de ser o mundo das evidências, sendo colocado em causa cada vez mais por europeus, sobretudo pelos próprios intelectuais e artistas. Podemos então dizer – de modo demasiado genérico, sem dúvida – que a entrada na modernidade (já na Renascença, mas sobretudo no Romantismo e no que se lhe seguiu) implicou a progressiva afirmação da autonomia da arte e do artista, por reação contra esse "serviço" que passou a ser visto de modo negativo, como servilismo anulador de liberdades. De uma arte assumidamente a serviço da religião, passou-se a uma arte independente, que pretendeu até afirmar-se, cada vez mais, como uma forma alternativa de "religião".

Como seria de esperar, essas transformações originaram conflitos. Por um lado, do ponto de vista social, porque o processo de independência da arte em relação ao cristianismo implicou a recusa explícita da intromissão deste naquela – o que se manifestou, entre outros aspectos, na recusa do recurso a temáticas explicitamente afins ao cristianismo. Por outro lado, dadas as pretensões "religiosas" da arte, que faziam dos artistas uma espécie de sacerdotes de um novo culto, é natural que surgissem conflitos com o cristianismo, que não poderia aceitar essas pretensões e que, em certa medida, era visto pela arte como "concorrente" – e vice-versa. Assim, a arte surgiu como concorrência "secular", relativamente às pretensões englobantes e mesmo espirituais do cristianismo.

Entre as características "religiosas" da arte romântica e moderna, está aquela ideia fundamental de que a arte poderia ser o único caminho de salvação que ainda restaria a uma humanidade desiludida com todas as antigas propostas. Ora, como essa proposta salvífica era claramente diferente da cristã, não poderia ser senão anticristã – pelo menos, assim foi vista muitas vezes pela Igreja e assim foi, de fato, frequentemente.

Ora, o percurso da modernidade, na sua fase mais tardia e que penetra na cultura contemporânea, encarregou-se de instaurar uma clara desilusão relativamente ao valor salvífico da arte. Dessa desilusão poderia surgir a aceitação de novos serviços – o que aconteceu, relativamente, a não poucas ideologias –, ou a recuperação do antigo serviço ao cristianismo – o que raramente se deu –, ou o abandono ao niilismo desiludido, que despreza qualquer ideia de salvação esperada. Este último foi o caminho mais procurado pelos artistas do último século, que acabaram por conduzir a arte ao encerramento sobre si mesma, como produto que apenas a si mesmo se procura.

Só que essa arte que abandona a relação com o mundo – sobretudo o mundo humano – e se concentra sobre si mesma e sobre as suas estruturas internas, herdou ainda da modernidade o seu gesto irrecusavelmente crítico. Se, até então, aplicava a sua crítica mordaz a realidades que lhe eram exteriores – ao próprio cristianismo, à vida social injusta, ao mundo real, em nome do mundo desejado e esperado –, agora só pode virar a crítica contra si mesma. Mas, concentrada e atarefada nesse trabalho, acaba por moer a si mesma, na mó da crítica infinda.

A arte, autônoma e finalmente só, mata a si mesma, perdendo o próprio sentido. O niilismo extremo estaria assim alcançado – como comprova a vaga da denominada "morte da arte".

Mas, onde se manifesta o perigo, aí surge a salvação. A percepção desse desfecho niilista da modernidade constitui, na atualidade, oportunidade nova para uma ressurreição da arte, que me parece poder aliar-se, nessa via, com o cristianismo – já não como serva, mas como companheira de viagem, a caminho de uma mesma terra prometida. Do ponto de vista geral e com possibilidade de aplicação a todas as artes – ao fenômeno artístico, na sua totalidade, como produção, obra e recepção –, poderíamos estabelecer uma aliança com o cristianismo a partir de três elementos fundamentais. Em primeiro lugar, relativamente à hermenêutica ou interpretação da realidade, presente no cristianismo e na arte. Independentemente da variedade de modos possíveis, poderíamos dizer que ambos leem o real como um "milagre do ser", isto é, como existência independente de toda a justificação racional ou mesmo científica. Tudo o que é, é simplesmente "porque sim", isto é, de modo gratuito e sem merecimento ou exigência lógica prévia.

A leitura desse "milagre" primordial provoca no ser humano uma atitude de "espanto" pelo fato de tudo ser, em vez de nada ser. Correspondentemente a esse espanto – como atitude primeira do crente e do artista, em relação a uma realidade que o precede –, instaura-se uma *devoção* específica ou uma *pietas*, que exige um acolhimento humilde e agradecido da realidade, mais do que o trabalho transformador e dominador dessa mesma realidade.

Partindo dessa interpretação fundamental da realidade, a arte e a fé assumem necessariamente um papel *figurador*. Ou seja, a sua realidade exige que se dê corpo a essa interpretação do real, trabalhando com e a partir do próprio real. É isso que faz a arte, na obra e na sua forma concreta; e é isso que faz a fé, na vida de cada crente e da comunidade de crentes.

Mas essa configuração da interpretação do real como dom gratuito tem a finalidade de *transfigurar* a própria realidade naquilo que deve ser – precisamente dom gratuito. Nesse sentido e rumo a uma utopia nunca completamente realizada na história humana, a arte – e o cristianismo – é inseparável da sua tarefa de transfiguração do real, a partir de uma figuração completamente real, exprimindo assim a dimensão política da fé, como vimos acima.

Na aplicação concreta destes elementos básicos ao caso da arquitetura – como símbolo de uma possível aproximação entre arte e Igreja, que em Fátima ganha especial destaque –, poderíamos dizer que a obra arquitetônica é um determinado modo de configuração do espaço em relação à "habitação" de um lugar – o que vai muito além da simples funcionalidade cotidiana. Quando esse "lugar" é um santuário, essa tarefa ganha especiais contornos. O que está em jogo é a ordenação do espaço, em si potencialmente caótico, porque indiferenciado. Nessa ordenação manifesta-se, também, a exterioridade do espaço em relação ao sujeito. E manifesta-se, por outro lado, o papel do sujeito humano na sua ordenação. O espaço arquitetônico – sobretudo se for um espaço comunitário – transforma-se numa permuta simbólica entre exterioridade e subjetividade, entre mundo e ser humano. A exterioridade conduz-nos à primordial revelação do ser, como precedente ao sujeito e como precedente a qualquer lógica funcional ou causal: o ser como milagre, manifesto no espaço ordenado. Mas, na ordenação humana do espaço, joga-se também a relação humana à revelação do milagre do ser. O espaço arquitetônico transforma-se, assim, em acolhimento do ser do mundo e em sentimento pessoal de se ser acolhido nesse mundo exterior.

O lugar – o edifício – é assim sempre um espaço simbólico da habitação com sentido, que lhe é dado e é percebido na interpretação do real como dom gratuito. A obra arquitetônica pode assim ser interpretada como mediação do sentido e mesmo do sagrado, se entendermos este como manifestação do sentido primeiro e último. Esse sentido é partilhado, seja pela família que habita a mesma casa, seja pela comunidade que partilha um mesmo sentido, celebrando-o num mesmo edifício.

Compreender o sentido significa estar orientado. O contrário, significa estar perdido. Assim, pela doação de sentido somos salvos da perdição ou desorientação (no espaço e no tempo). Essa salvação pelo sentido implica, contudo, mediações figurativas – umbrais –, porque se trata de uma relação ao sagrado fundamental. Os espaços "diferentes" – cuja diferenciação é originada pela obra arquitetônica – tornam-se, então, lugares de sentido fundamental, cujos umbrais são espaços de passagem para o sentido, no dinamismo de conversão enunciado no início do nosso percurso.

As mediações desse sentido vão variando consoante as épocas culturais, a que correspondem estilos artísticos. Relativamente às manifestações arquitetônicas atuais, poderíamos considerar o significado da transição realizada de uma sensibilidade barroca acentuada para uma sensibilidade contemporânea. De uma clara e otimista afirmação do humano (evidentemente que fundamentado em Deus) passou-se à não menos clara humildade do humano (que muitas vezes se confunde com certo desespero), tendo sido atravessado o pântano do orgulho do Homem sem Deus (no qual a não referência à "Igreja" e ao conteúdo do cristianismo como lugar de sentido se tornou uma pretensa forma de sentido).

Essa transição pode também ser lida como passagem da percepção da finitude humana como caminho infinito (infindo, como as espirais das colunas barrocas) – segundo o qual a história humana é lida como história das maravilhas de Deus – à experiência sublime de um infinito que nos assalta, permanecendo escondido, sem face, apenas como interpelação silenciosa. Nessa nova sensibilidade, ganham predominância as formas de presença do Deus ausente – ou as formas de ausência de "deuses" demasiado presentes. As segundas podem idolatrar o finito – as primeiras podem sucumbir no nada e no sem sentido (refugiando-se no finito sem Deus). O desafio encontra-se na possibilidade de mediar a presença de Deus – como sentido do humano – sem anular a sua ausência.

O espaço litúrgico está ligado, também, ao sentido do habitar – situa-se, por isso, como "lugar" (ou "não lugar") entre os humanos e Deus. Por isso, o espaço litúrgico implica uma sábia conjugação da função com a ontologia simbólica do lugar. Nele, a doação de sentido depende do modo como se articula a "presença" de Deus. A "alteridade" de Deus é que fundamenta o sentido do lugar – e não apenas o ato humano da configuração. Mas essa alteridade é precisamente figurada pela configuração humana, originando transfiguração – num processo histórico ou de tradição, que elabora figurações específicas. É necessária uma conjugação entre corpo (Corpo de Cristo, Igreja) e espírito (Espírito de Deus, espírito dos humanos), num lugar claramente material – e, precisamente por isso, mais do que material.

É na mediação desse espaço próprio – entre outras mediações possíveis – que se dá o acolhimento do Deus inefável, como oferta de possível sentido para o drama da história humana. Por isso, estão implicados o despojamento e a recepção.

A "Igreja", o "Santuário" – enquanto edifício e não só – serão lidos como lugar de sentido possível para o crente e de possível busca de sentido para o não crente. Por isso, transfigura-se em alerta profético, a denunciar toda a pretensa autofundamentação e autossalvação (do crente ou do não crente). Porque ambos são peregrinos orientados para um "Oriente" (mais claro ou mais confuso), como nômadas sem terra fixa, sem propriedade – porque o lugar da arte e do cristianismo, feito edifício num templo concreto, é sempre um lugar utópico, sem *topos*, sem localização.

Em Fátima, o exemplo mais claro dessa configuração artística do espaço, através da arquitetura, é sem dúvida a Basílica da Santíssima Trindade e os espaços que lhe estão ligados. Construída pelo arquiteto grego Alexandros Tombazis, vencedor do concurso internacional lançado pelo santuário, é sem dúvida um dos espaços recentes mais desafiantes de Fátima – mesmo com a polêmica que as obras de arte costumam gerar. O grande espaço circular possui 125 metros de diâmetro, sem apoio intermediário, e é atravessado por duas vigas longitudinais. É todo branco, com o teto aberto à luz exterior. É, de fato, um espaço místico, pelo sublime evocado no tamanho e pela luminosidade intensa do seu interior. A iconografia do interior foi selecionada com critério e encomendada a renomados artistas internacionais. No site oficial do santuário pode-se ler:

O altar é constituído por um bloco único de pedra da região, branco do mar, tem 3,5 metros de comprimento, 1,9 metros de profundidade e 94 centímetros de altura. Pesa cerca de 16 toneladas. Na sua face dianteira foi colocado um fragmento marmóreo do túmulo do apóstolo Pedro (sobre o qual está construída a Basílica de S. Pedro, no Vaticano). Esta pequena pedra é um sinal visível da comunhão com a Igreja Universal e recorda a ligação de Fátima e da sua mensagem ao santo padre. O crucifixo que pende sobre o presbitério tem 7,5 metros de altura e encontra-se sobreposto ao Cordeiro do painel. Feito de bronze, é obra de Catherine Green. A escultura de Nossa Senhora de Fátima representa Maria jovem, com os braços abertos e deixando ver o seu Coração Imaculado e o rosário. Esculpida em mármore branco de Carrara, tem 3 metros de altura e é criação de Benedetto Pietrogrande. Por fim, o painel que cobre a parede curva do fundo do presbitério é um mosaico com 10 metros de altura e 50 de largura, feito em terracota dourada e moldada manualmente A cor do ouro simboliza a santidade e a fidelidade de Deus, tendo os três traços vermelhos a finalidade de realçar o dourado e favorecer a percepção do mistério e da santidade. O dinamismo e a tensão de luz e ouro nos sentidos horizontal e vertical pretendem convocar para a abertura à beleza, à comunhão e ao amor. O painel é da autoria de Marko Ivan Rupnik e foi executado por um grupo de artistas especializados, provenientes de oito nações e de quatro Igrejas cristãs.

Mas o espaço da basílica prolonga-se em outros espaços circundantes. No exterior, a zona envolvente é constituída por duas praças. Na praça de João Paulo II encontra-se a estátua de João Paulo II, da autoria de Czeslaw Dzwigaj, e, à noroeste, a estátua de Paulo VI, obra de Joaquim Correia. Também aqui se situa, na proximidade da estátua do papa, a Cruz Alta – 34 metros de altura e 17 de largura, feita em aço corten –, concebida por Robert Schad, num estilo minimalista e fortemente evocativo dos desafios da nossa época. O espaço interior é completado com quatro capelas: do Santíssimo Sacramento, da Reconciliação, da Morte de Jesus e da Ressurreição de Jesus. A decoração destas capelas é cuidadosa. Nelas existem numerosos confessionários, pois a celebração do sacramento da reconciliação é uma das práticas mais intensas no santuário.

Mas Fátima não se limita à arquitetura. Nas artes plásticas tem desenvolvido, sobretudo nos últimos anos, uma atividade permanente de exposições, seja nos espaços do santuário, seja em galerias exteriores. Ao mesmo tempo, tem promovido vários concursos, nomeadamente no campo da fotografia. Nesse sentido tem constituído incentivo à produção de arte de inspiração religiosa, acolhendo obras sobretudo de jovens artistas e promovendo, desse modo, a aproximação da Igreja ao complexo mundo das artes plásticas.

Recentemente, nos sete anos que antecederam à celebração do centenário, o santuário concedeu especial atenção à música.

Para além da atividade habitual no campo da música litúrgica, o santuário desenvolveu uma programação intensa de concertos, executando, entre outras, obras inéditas encomendadas explicitamente a renomados compositores, como Arvo Pärt e James MacMillan, assim como a muitos compositores portugueses da atualidade. Uma passagem pela agenda cultural de 2016-2017 é muito elucidativa do movimento artístico que atualmente se concentra em Fátima.

Este é, na minha perspectiva, um dos modos mais intensos de conjugar a contemplação com a profecia como marcas do acontecimento de Fátima. Se a arte nos eleva à contemplação de uma beleza desejada, ela é ao mesmo tempo um contexto privilegiado para a intervenção profética nos complexos meandros da sociedade contemporânea. Por esse caminho, Fátima faz-se ouvir no mundo e para o mundo, correspondendo aos desafios originários do Anjo e de Maria, sempre em configurações novas e criativas.

A caminho

Começamos no caminho e a caminho do santuário. Estamos de novo a caminho e no caminho do mundo. É no caminho precisamente que ambos, mundo e santuário, se cruzam, e é no caminho que Fátima pode e deve ser vivida. Porque a peregrinação ao santuário, mesmo que implique uma ruptura com o cotidiano, não é fuga do cotidiano, mas sim reconfiguração do mesmo, segundo uma interpretação dada pela imersão no sagrado do seu sentido. Essa reconfiguração implica o regresso – ou melhor, o progresso, pois o regresso à casa nunca é o regresso ao mesmo, mas antes a transformação do mesmo no diferente.

A peregrinação a Fátima é, desde o início, conversão. Por isso, a entrada nos espaços e nos tempos que a configuram implica um ritual transformador, o abandono de uma rotina para o mergulho na profundidade daquilo que verdadeiramente conta. Foi por aí que iniciamos a nossa viagem, que é uma viagem de peregrinos, por isso diferente de todas as outras viagens: nem de negócios nem de lazer.

O lugar em que entramos, ainda que apenas em imaginação – pois as linhas que antecedem não permitem verdadeiro contato com o lugar, só o corpo –, colocou-nos em contato com o núcleo de uma mensagem e de um desafio que convida, ao mesmo tempo e no mesmo movimento, à contemplação do sentido – na adoração, na oração, na devoção – e à profecia crítica, em nome desse sentido – na ação, na intervenção, na transformação das circunstâncias sociais do nosso mundo. O que experimentamos no santuário não é diverso, no fundo, do que recebemos do Evangelho e de toda a tradição eclesial. Por isso, ele colocou-nos em contato com temas tão fundamentais como o da Mediação – nomeadamente de Maria; da Eucaristia, centro da vida da Igreja; da Trindade, núcleo da experiência cristã de Deus; da Misericórdia, como rosto de Deus e da Igreja, para os pobres e humildes; do sofrimento, como possível caminho de compaixão; da dimensão sociopolítica da fé; da relação entre evangelização e cultura atual, nomeadamente pela arte. Em realidade, trata-se de tópicos teológicos que constituíram alguns dos núcleos centrais do próprio Concílio Vaticano II, ele mesmo uma rearticulação do Evangelho para o nosso tempo, numa Igreja em saída e não fechada sobre si mesma.

Também por isso, não pudemos ficar esterilmente cativos do santuário – ainda que este nos acompanhe sempre, como referência. Foi necessário partir de novo, para dar corpo àquilo a que o santuário convida, na voz do Anjo e de Maria – e na voz dos pastorinhos, seus mediadores. Fátima convida à ação, com os pobres e pelos pobres, porque é dos pobres e para os pobres. O seu centro são os humildes desta terra, porque deles será o Reino dos Céus. Por isso, a peregrinação a Fátima exige o regresso aos caminhos do mundo.

E se voltamos, cada ano, a Fátima, é para repetir, ritualmente – ou seja, na profundidade do nosso corpo, que é também a nossa alma – o mesmo processo de experiência do sentido, para que faça sentido o cotidiano ou, pelo menos, para que haja esperança de que o mundo faz sentido. E o sentido do mundo, segundo a mensagem de Fátima, pode concentrar-se na noção de *paz*. Paz que implica, antes de tudo e na sua base, a superação de conflitos, como no caso dos conflitos internacionais da época – e que de modo algum foram já superados, cem anos depois; mas a paz implica dimensões mais vastas e mais profundas, nos diversos contextos pessoais, familiares, laborais, sociopolíticos etc. Na realidade, é o grande desafio do mundo e dos humanos.

Fátima recorda que, contra todas as aparências, a violência não é o princípio do sentido, mas sim a paz, o *shalom* bíblico. Essa é, verdadeiramente, a grande promessa escatológica que anima toda a história da revelação de Deus à humanidade, desde os profetas de Israel aos profetas do nosso tempo, ainda que sejam três humildes crianças.

Sugestão bibliográfica

Para aprofundar o conhecimento do fenômeno de Fátima, aconselha-se a leitura de obras publicadas pelo Santuário. Das já numerosas publicações, destacam-se:

AA.VV. *Fenomenologia e teologia das aparições*. Congresso Internacional de Fátima. Fátima: Ed. Santuário de Fátima, 1998.

AA.VV. *Fátima e a paz*. Congresso Internacional sobre Fátima e a Paz no 75º aniversário das aparições. Fátima: Ed. Santuário de Fátima, 1993.

AA.VV. *Fátima para o século XXI*. Congresso Internacional de Fátima. Fátima: Ed. Santuário de Fátima, 2008.

BORGES DE PINHO, José Eduardo (coord.). *Santificados em Cristo: dom de Deus* – Resposta humana, transformação do mundo. Fátima: Ed. Santuário de Fátima, 2016.

BUENO DE LA FUENTE, Eloy. *A mensagem de Fátima: a misericórdia de Deus* – O triunfo do amor nos dramas da história. Fátima: Ed. Santuário de Fátima, 2013.

CARVALHO, José Carlos (coord.). *A consagração como dedicação na Mensagem de Fátima*. Fátima: Ed. Santuário de Fátima, 2014.

COUTINHO, Vitor (coord.). *Adorar Deus em espírito e verdade* – Adoração como acolhimento e compromisso. Fátima: Santuário de Fátima, 2011.

_____. *Jacinta Marto*: do encontro à compaixão. Congresso Internacional de Fátima. Fátima: Ed. Santuário de Fátima, 2010.

_____. *Mensagem de esperança para o mundo*: acontecimento e significado de Fátima. Congresso Internacional de Fátima. Fátima: Ed. Santuário de Fátima, 2012.

DUQUE, João Manuel (coord.). *Figuras do anjo revisitadas*. Congresso Internacional de Fátima. Fátima: Ed. Santuário de Fátima, 2007.

FARIAS, Jacinto (coord.). *Mysterium Redemptionis*: do sacrifício de Cristo à dimensão sacrificial da existência cristã. Fátima: Ed. Santuário de Fátima, 2003.

JESUS, Lúcia de. *Memórias*. Congresso Internacional de Fátima. Fátima: Ed. Santuário de Fátima, 2016.

JORGE, Ana; BORGES DE PINHO, José Eduardo (coord.). *Envolvidos no amor de Deus pelo mundo*: experiência de Deus e responsabilidade humana. Fátima: Ed. Santuário de Fátima, 2015.

NORONHA GALVÃO, Henrique (coord.). *Santíssima Trindade*: Pai, Filho, Espírito Santo. Congresso Internacional de Fátima. Fátima: Ed. Santuário de Fátima, 2008.

PINHO, Arnaldo (coord.). *Francisco Marto*: crescer para o dom. Congresso Internacional de Fátima. Fátima: Ed. Santuário de Fátima, 2010.

SOBRAL, Cristina. *Lúcia de Jesus*: memórias. Ed. crítica com Introdução de Marco Daniel Duarte. Fátima: Ed. Santuário de Fátima, 2016.

VARANDA, Isabel (coord.). *"Quereis oferecer-vos a Deus?"*: horizontes contemporâneos da entrega de si. Congresso Internacional de Fátima. Fátima: Ed. Santuário de Fátima, 2013.

VARANDA, Isabel; TEIXEIRA, Alfredo (coord.). *"Não tenhais medo"*: a confiança, um estilo cristão de habitar o mundo. Fátima: Ed. Santuário de Fátima, 2014.

Pode ser de interesse também a consulta do *website* oficial do Santuário, que contém muita informação: http://www.fatima.pt.

Impresso na gráfica da
Pia Sociedade Filhas de São Paulo
Via Raposo Tavares, km 19,145
05577-300 - São Paulo, SP - Brasil - 2017